FrühStück auf dem Lande

Wir danken allen, die mit viel Einsatz und Engagement zur Entstehung dieses Buches beigetragen haben:

Hartmut Kiesewetter, Kathrin Kiesewetter, Caroline Kiesewetter, Ralf Stech, Frauke und Friedel Köster, Angelika Rohde, Jutta Behmer, Jürgen Dau, Sonja Karberg, Barbara Banaschewski, Uta und Stephan Janbeck, Johanna Wiek, Werner Ehart, MaikeThode, Rainer Bornholdt, Ruzica Boccardo, Marcel Lange, Kathrin und Karl Björn Petersen, Christina Jakobi, Berit Wilkens, Martin Wilkens, Nurten Kayacaner, Dennis Jurman, Muddi und Vaddi Wilkens, Kirsten Seemann, Cara Seemann, Diether Mordhorst, Dieter Höltig, Doris Rathje, Michael Fenske, Martina Krämer, Heike Bolten, Klaus Rebattu.

BOYENS
BUCHVERLAG
www.buecher-von-boyens.de

ISBN 978-3-8042-1440-8

Autorin: Marion Kiesewetter
Redaktion: Marion Kiesewetter
Fotos: Ursula Sonnenberg, Hans Dieter Kellner
Promotion: Hartmut Kiesewetter
Gestaltung und Layout: Dörte Kromrei
Herstellungsbetreuung: Heidrun Bielert
Herstellung: Boyens Buchverlag
Druck und Bindung: Neografia
Printed in EU

Marion Kiesewetter

FrühStück auf dem Lande

Geheimtipps für Genießer

Fotos von Ursula Sonnenberg
und Hans Dieter Kellner

BOYENS

Lage der Cafés

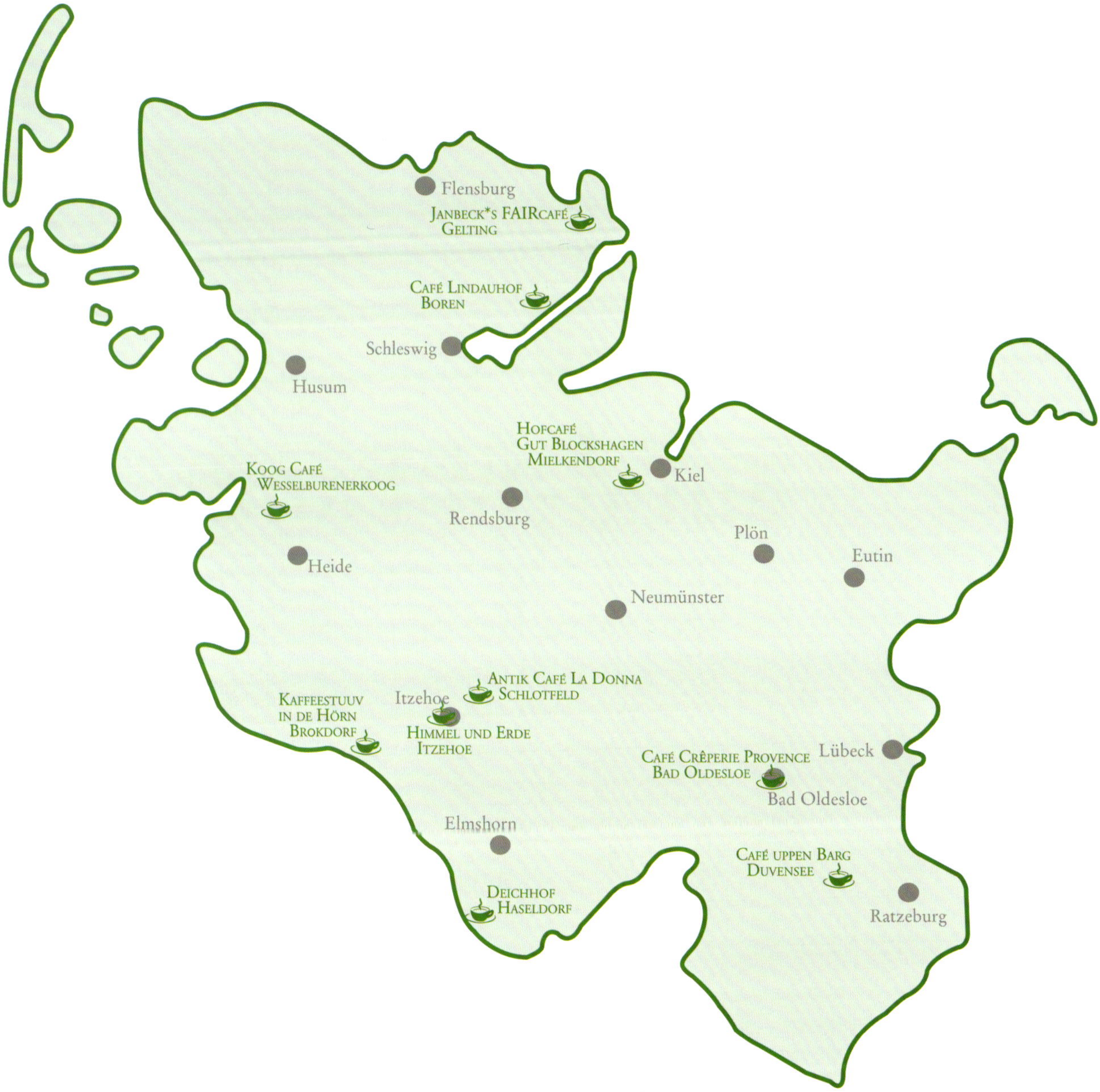

Inhalt

Vorwort 7

Hofcafé Gut Blockshagen 11
Mielkendorf

Kaffeestuuv in de Hörn 25
Brokdorf

Koog Café 37
Wesselburenerkoog

Janbeck*s FAIRcafé 51
Gelting

Café Lindauhof 65
Boren

Café Crêperie Provence 79
Bad Oldesloe

Antik Café La Donna 91
Schlotfeld

Café Himmel und Erde 103
Itzehoe

Café uppen Barg 117
Duvensee

Deichhof Haseldorf 129
Haseldorf

Frühstück bei Dir oder bei mir?
Oder doch lieber im Café?

Liebe Leserinnen, liebe Leser,

als ich für Sie auf dieser Frühstückstour war, musste ich immer wieder sagen: „Ach, wie schön ist unser Schleswig-Holstein!" Um für Sie die schönsten, abgelegensten und ländlichsten Cafés zu finden, in denen man die unterschiedlichsten Frühstücksvariationen mit Spezialitäten aus der Region genießen kann, habe ich ländlich Rustikales, aber auch ländliche Eleganz berücksichtigt: z.B. *Janbeck*s FAIRcafé* in der Geltinger Bucht, *Kaffeestuuv in de Hörn* in Brokdorf an der Elbe, das *Koog Café* in Wesselburenerkoog in Dithmarschen oder das *Café Lindauhof* in Angeln, bekannt aus der ehemaligen ZDF-Serie „Der Landarzt", öffneten mir die Türen. Die Vielfalt ihrer Frühstücksangebote ist grenzenlos, und die dazu gehörenden Rezepturen stellten sie mir für dieses Buch zur Verfügung. Die wunderbaren Fotografen Ursula Sonnenberg und Hans Dieter Kellner unterstützten mich mit künstlerisch überragenden Fotos, so dass man den Duft von Kaffee, knusprigen Brötchen, selbst gemachten Konfitüren förmlich riechen kann. Freuen Sie sich auf zehn Cafés, die mit großer Freude und viel Eifer dazu beigetragen haben, ein *Frühstück auf dem Lande* zu genießen.

Ihre
Marion Kiesewetter

Hofcafé Gut Blockshagen

Blockshagener Fleischpastete

Mürbeteig:

350 g Mehl
etwas Mehl für die Arbeitsfläche
160 g Butter
etwas Butter für die Form
1 TL Salz
5–6 EL Wasser

Mehl, Butter und Salz mit etwas Wasser zu einem glatten Teig verkneten, in Folie wickeln und 60 Minuten kühl stellen.

Füllung:

8 Eier (Gr.M)
2 EL Öl
1 Porreestange, in Ringe geschnitten
2 Knoblauchzehen, gehackt
1 Möhre, grob geraspelt
1 altes Brötchen, eingeweicht
1 Bund Schnittlauch, in Röllchen geschnitten
1 Bund Petersilie, gehackt
450 g Rinderhack
Salz, Pfeffer, Paprikapulver

5 Eier 6–8 Minuten kochen, abkühlen lassen und pellen. Öl in einer Pfanne erhitzen. Porree, Knoblauch und Möhrenraspel darin 3 Minuten andünsten und danach abkühlen lassen. Ausgedrücktes Brötchen mit Kräutern, Porree-Knoblauch-Möhren-Mischung, Hackfleisch sowie mit zwei rohen Eiern verkneten. Masse kräftig mit Salz, Pfeffer und Paprika würzen. Eine 20-cm-Springform ausbuttern. Ca. zwei Drittel vom Teig abnehmen, auf einer bemehlten Arbeitsfläche ausrollen und die Form damit auslegen. Einen möglichst hohen Rand hochziehen. Hack-Gemüse-Mix auf dem Teig verteilen und 5 gepellte Eier in die Hack-Masse drücken. Aus einem Teil des restlichen Teiges einen Kreis als Deckel ausrollen. Aus der Mitte des Teigkreises ein ca. 3 cm großes Loch ausstechen (aus diesem „Kamin" kann der heiße Dampf entweichen).
Das übrige rohe Ei mit 1–2 EL Wasser verquirlen und den Pasteten-Rand einpinseln. Die Deckelplatte aufsetzen und die Ränder zusammendrücken.
Restlichen Teig ausrollen, nach Belieben Motive ausstechen und den Deckel damit verzieren. Mit der restlichen Eimischung bepinseln. Pastete im vorgeheizten Backofen bei 180 °C ca. 60 Minuten goldbraun backen. Sollte sich Fleischsaft am Kamin gebildet haben, mit Küchenpapier abtupfen und die Pastete abkühlen lassen.

Schmand-Frühlingszwiebel-Creme

2 Becher Schmand
1 Bund Frühlingszwiebeln
Salz
schwarzer oder bunter Pfeffer aus der Mühle

Schmand in eine kleine Rührschüssel geben und mit Salz und Pfeffer (etwas grobere Einstellung) abschmecken. Frühlingszwiebeln waschen, unschönes Zwiebelgrün entfernen, in zarte Ringe schneiden und mit der Schmandcreme vermengen. In einer Schale anrichten und mit Zwiebelringen garnieren.

Bacon and Egg Muffins

Zutaten für 6 Portionen

Backofen auf 150 °C Umluft vorheizen. In der Zeit eine Sechser-Muffinform mit Öl auspinseln. Es eignen sich auch sehr gut kleine Pastetenförmchen.

1 TL Sonnenblumen- oder Rapsöl für die Form
24 Scheiben Bacon
6 Eier (L oder M)
Salz und Pfeffer

Pro Ausbuchtung vier Streifen Bacon kreuzweise übereinanderlegen. Die Enden können am Rand überstehen. In jede Mulde ein Ei aufschlagen. Salz und Pfeffer nach Geschmack auf jedes Ei streuen und die Form in den Ofen stellen. Bei Umluft ca. 10–12 Minuten backen. Man sollte mehrmals nachsehen. Wenn einem das Ei fest genug ist, kann man die Form auch schon früher aus dem Backofen nehmen. Danach 1–2 Minuten abkühlen lassen und vorsichtig aus der Form lösen.

Mit Brie und Bacon gefüllte Milchbrötchen

Zutaten für 12 Stück

250 g Speisequark
8 EL Sonnenblumenöl
8 EL Milch
2 Eier (M)
Salz
700 g Mehl
1 ½ Pck. Backpulver

1 Eigelb
2 EL Wasser
etwas grobes Meersalz
12 dünne Scheiben Bacon (Frühstücksspeck)
150 g Brie
12 kl. Rosmarinzweige

Quark mit Öl, Milch, Eiern und etwas Salz verquirlen. Mehl und Backpulver vermischen, zunächst unter die Quarkmasse rühren, dann unterkneten, bis ein glatter Teig entstanden ist. Teig in 12 Portionen teilen und daraus leicht ovale Brötchen formen. Brötchen dicht an dicht auf ein mit Backpapier belegtes Backblech setzen. Eigelb und Wasser verquirlen und die Brötchen damit bestreichen. Mit etwas Meersalz bestreuen und im vorgeheizten Backofen auf der zweiten Schiene von unten bei 180 °C ca. 15 Minuten backen.
Inzwischen Speckscheiben je nach Größe evtl. halbieren. Speck in einer Pfanne ohne Fett braten. Die noch heißen Brötchen mit einem scharfen Messer einschneiden. Den Brie in 12 Scheiben schneiden. In jeden Brötcheneinschnitt jeweils eine Scheibe Käse und Speck legen und mit dem Rosmarinzweig garnieren. Gefüllte Brötchen weitere 5 Minuten backen. Heiß servieren.

Schafskäse-Bruschetta

5 Strauchtomaten
2 Knoblauchzehen
1 kl. Zwiebel
5 EL Olivenöl
1 EL Oregano, getrocknet
1 EL Basilikum, getrocknet
Salz
250g Schafskäse, alternativ Frischkäse

Tomaten waschen, halbieren, entkernen, in kleine Würfel schneiden und in eine Schüssel geben. Knoblauch und Zwiebel pellen, fein hacken und dazugeben. Olivenöl, Kräuter und Gewürze untermengen und eine Stunde ziehen lassen. Schafskäse in einer Schüssel fein zerbröseln und die Tomatenmasse untermengen. Einige Tomatenwürfel für die Garnitur zurück behalten.

Erdbeer-Bananenquark

4 Personen

500 g Magerquark
3 EL Zucker
200 g Schmand
250 g frische Erdbeeren
1 gr. Banane
etwas Limetten- oder Zitronensaft

Quark mit dem Zucker verquirlen bis dieser sich aufgelöst hat. Schmand unterrühren. Erdbeeren waschen, putzen und vierteln. Banane halbieren, in mundgerechte Stücke schneiden, kurz in Limettensaft schwenken (verhindert die braune Färbung) und zusammen mit den Erdbeeren vorsichtig unter die Quarkmasse heben. In Glasschalen anrichten und mit Erdbeeren verzieren.

Aprikosen-Himbeer-Smoothie

4 Gläser

200 g frische Aprikosen
200 g frische Himbeeren
500 ml Dickmilch
100 ml Milch (3,5 %)
3 EL Honig oder Ahornsirup

Aprikosen waschen, entsteinen und klein schneiden. Himbeeren verlesen und ein paar Beeren für die Deko zur Seite legen. Dickmilch, Vollmilch, Honig und die Früchte in ein hohes Gefäß geben und fein pürieren. Für mindestens zwei Stunden im Kühlschrank ruhen lassen. In schönen Gläsern servieren und mit den zurückgelegten Früchten verzieren. Sofort servieren.

Jeden 1. Sonntag im Monat bietet das *Hofcafé im Gut Blockshagen* ein köstliches Landfrühstück an. Hier kann man in Ruhe von 9:30–12:30 Uhr schlemmen und die Köstlichkeiten der Region genießen, und zwar in Mielkendorf, in der Nähe der Eiderquelle vor den Toren der Landeshauptstadt Kiel. In wunderschöner Abgelegenheit liegt das alte Gutshaus, ein über 150 Jahre altes Fachwerkhaus. Im ehemaligen Pferdestall schufen der Besitzer Dieter Mordhorst und seine in Liebe ins Herz geschlossene Lebensgefährtin Kirsten Seemann ein Café mit Hofladen. Hier können Sie also erst genießen und dann Ihre Favoriten, Marmelade, Honig, Wurst und Schinken mit nach Hause nehmen. Kinder sind hier gern gesehen, denn es gibt einen Streichelzoo mit Ziegen, Hängebauchschweinen, Laufenten, Kaninchen und vielem mehr. Auch ein Kinderspielplatz und eine Go-Kartbahn sind zu entdecken. Wer sich in die attraktive Atmosphäre von Gut Blockshagen verliebt, kann auch hier seine Feiern und Veranstaltungen mit dem Paar Mordhorst/Seemann planen, das Ihnen beratend zur Seite steht. Wer nach dem Frühstück gerne noch bleiben

möchte, kann – nach einem Spaziergang in der schönen Landschaft oder einer Fahrradtour – die leckeren hausgemachten Kuchen und Torten genießen, die in der Küche des Hauses täglich frisch gebacken werden. Eine weitere Attraktion ist der Flammkuchen-Tag. Von April bis Ende September, immer donnerstags von 18:00–22:00 Uhr, werden hier Flammkuchen in zehn verschiedenen Variationen von deftig bis süß kredenzt. Dafür sollte man sich aber vorher anmelden, damit man einen Platz bekommt. Lassen Sie sich von der liebenswerten, lustigen und charmanten Kirsten Seemann den Tag „versüßen“!
Das Motto lautet: sich entspannen und die Seele baumeln lassen für die ganze Familie.

Kaffeestuuv in de Hörn

Gefüllte Minifrikadellen

Zutaten für etwa 30 Stück

500 g Rinderhack
2 Eier
1 Zwiebel, fein gewürfelt
1 altes Brötchen, eingeweicht
1 Spritzer Tomatenketchup
1 TL Salz
Pfeffer und Muskatnuss
Senf zum Bestreichen
Gewürzgurken zum Belegen

Aus den Zutaten einen Hackfleischteig herstellen, kräftig abschmecken und zu pflaumengroßen Kugeln formen. Diese auf ein mit Backpapier belegtes Backblech setzen und im vorgeheizten Backofen bei 160 °C Umluft etwa 30 Minuten braten. Die Frikadellen sollten rundherum braun sein. Anschließend auf Küchenpapier abkühlen lassen, quer halbieren, die untere Hälfte dünn mit Senf bestreichen und mit einer Scheibe Gewürzgurke belegen. Den Deckel aufsetzen und mit einem Holzspieß zusammenstecken.

Joghurtbombe

Zutaten für 10 Portionen

1250 g Naturjoghurt
250 g Zucker
1 EL Vanillezucker
1 l Schlagsahne, steif geschlagen
600 g frische oder TK-Beeren

Joghurt, Zucker und Vanillezucker verrühren, geschlagene Sahne unterheben. Ein Sieb mit einem Geschirrtuch auslegen und in eine größere Schüssel stellen (dient als Ablauf). Joghurt-Masse in das Sieb füllen und über Nacht kalt stellen. Vor dem Verzehr auf eine Platte stürzen, mit Früchten umlegen und diese leicht mit Puderzucker bestäuben.

Tipp:
Sehr gut schmecken dazu angetaute TK-Beeren, rote Grütze oder frische Erdbeeren.

Bauernbrot und kalt gerührte Himbeerkonfitüre

Bauernbrot

Zutaten für zwei Brote

25 g frische Hefe
ca. 125 ml lauwarmes Wasser
½ EL Zucker
100 g Mehl

Hefe mit ⅓ des Wassers verrühren, mit den restlichen Zutaten und dem restlichen Wasser dickbreiig verrühren und abgedeckt an einem warmen Ort ca. 45 Minuten gehen lassen.

400 g Weizenmehl (Typ 550)
250 g Roggenmehl (Typ 997 oder 1150)
ca. 350 ml lauwarmes Wasser
1 geh. EL Salz
1 EL Honig

Mehl, Wasser, Salz und Honig zum Vorteig geben und zu einem glatten Teig verkneten. Mit Mehl bestäubt ca. 1 Stunde gehen lassen. Backofen auf 250 °C vorheizen. Zwei Brote aus dem Teig formen, auf ein mit Backpapier belegtes Backblech legen und abgedeckt weitere ca. 30 Minuten gehen lassen. Im vorgeheizten Backofen ca. 10 Minuten backen. Hitze auf 175 °C reduzieren und weitere 20 Minuten backen. Besonders schön wird das Brot, wenn man eine feuerfeste Schale mit heißem Wasser unten in den Backofen stellt. Das Brot ist gar, wenn es beim Klopfen auf die Unterseite hohl klingt.

Kalt gerührte Himbeerkonfitüre

2–3 Gläser

500 g Himbeeren
500 g Gelierzucker 1:1
1 ½ EL Zitronensaft
Zitronenabrieb einer ½ Zitrone,
unbehandelt

Die verlesenen Himbeeren mit den restlichen Zutaten verrühren und über Nacht abgedeckt durchziehen lassen. Das Fruchtgemisch ca. 8 Minuten pürieren, in saubere Twist-off-Gläser füllen und gut verschließen. Im Kühlschrank gelagert einige Wochen haltbar.

Spinatroulade mit Lachs

150 g frischer oder TK-Spinat
50 g Emmentaler Käse, gerieben
4 Eier
Salz und Pfeffer
200 g Kräuterfrischkäse
200 g geräucherter Lachs, in Scheiben

Frischen Spinat kurz blanchieren, abschrecken und abtropfen lassen. Gefrorenen Spinat im Sieb auftauen lassen. Backblech mit Backpapier belegen und mit wenig Käse bestreuen. Eier cremig schlagen, Spinat und restlichen Käse unterheben. Mit Salz und Pfeffer würzen. Masse auf dem Blech verteilen und glatt streichen. Im vorgeheizten Backofen bei 200 °C 10 Minuten backen, danach abkühlen lassen. Mit Frischkäse bestreichen und die Lachsscheiben darauf verteilen. Spinatplatte aufrollen und abgedeckt im Kühlschrank ca. 4 Stunden ziehen lassen. Kurz vor dem Servieren in Scheiben schneiden. Die Roulade lässt sich gut am Vorabend zubereiten.

Haferflockenbrot

Zutaten für 1 Brot

500 g kernige Haferflocken
500 g Magerquark
3 Eier
1 Pck. Backpulver
1 ½ TL Salz
100 g Röstzwiebeln
100 Schinkenwürfel

Alle Zutaten gut verrühren und in eine gefettete oder mit Backpapier ausgelegte ca. 30 cm Kastenform geben. Bei 175 °C Ober- und Unterhitze etwa 50 Minuten backen.

Kräuterquark mit Paprika

100 g Magerquark
100 g Schmand
Salz und Pfeffer
Paprikapulver
1 EL Röstzwiebeln
½ rote Paprikaschote, klein gewürfelt
Schnittlauch, Petersilie und Zitronenmelisse nach Geschmack

Quark und Schmand verrühren und mit den Gewürzen abschmecken. Röstzwiebeln, Paprika und Kräuter unterheben.

Schnittlauch-Limetten-Butter

150 g Butter
5 EL Schnittlauchröllchen
je ½ EL frisch gehackte Petersilie und Thymian
½ EL Limettensaft
etwas Limettenabrieb, unbehandelt
Salz und Pfeffer
½ EL Schnittlauchröllchen als Deko

Die zimmerweiche Butter mit allen Zutaten kräftig verrühren und mit Salz und Pfeffer abschmecken. Anschließend zur Rolle formen und fest in Klarsichtfolie gewickelt im Kühlschrank durchkühlen lassen. Zum Servieren in Scheiben schneiden und mit frischem Schnittlauch bestreuen.

Seit je her ist die berühmte Wilstermarsch bekannt für ihre kulinarischen Produkte. Wer also hierher zum Frühstücken reist, freut sich auf etwas ganz Besonderes. Die *Kaffeestuuv in de Hörn* in Brokdorf hatte ich Ihnen ja schon im Café-Buch Nr. 8 *Hier gibt's Süßes!* ausführlich beschrieben. Außer den Leckereien an Kuchen und Torten bietet die fachlich sehr kompetente und reizende Inhaberin Heike Bolten aber auch jeden 1. Sonntag im Monat ein Frühstücksbuffet an, für das sich die Reise wirklich gelohnt hat. Die Gegend an der Unterelbe, die noch zum Speckgürtel Hamburgs gehört, ist bekannt für ihre würzigen Käsesorten und den Holsteiner Schinken.

Zu all diesen Genüssen kommen bei Heike Bolten auch noch der gute Service ihrer Crew, zu der vor allem ihr Mann Detlef und zu Stoßzeiten ihre Tochter Annica gehören. Die stilistisch gelungene Einrichtung ihrer Reetdach-Kate, in der man sich jedes Mal auf Anhieb wohlfühlt, trägt dazu bei, die Seele baumeln zu lassen.

„Außer Bestellungen für mein Frühstücksbuffet nehme ich auch gerne Voranmeldungen von ganzen Gruppen an. Dann kommen hier oft ganze Geschwader von Radlern, die sich gehörig einen Frühstückshunger erstrampelt haben und bei uns ihrem Appetit keinen Zwang antun müssen. Die Rezepturen bereiten wir auf Vorbestellung für Sie zu. Wir können auch beide Stuben voneinander trennen, sodass man ganz unter sich sein kann."

„Auch Wandergruppen kehren hier gerne ein, um nach ihrem Besuch bei uns zum nahen Elbdeich zu wandern und den herrlichen Blick über die Elbe zu genießen."

Koog Café

Dirks Schäfer-Aufstrich

4 Zehen Knoblauch
1 rote Zwiebel
50 ml Olivenöl
200 g Frischkäse

Bärlauchbrot

150 g Bärlauch
1 Pck. Trockenhefe
500 g Mehl
2 TL Salz
1 TL Zucker
275 ml Wasser
3 EL Olivenöl
3 EL Walnusskerne, gehackt
Butter für die Form
2 EL geriebener Käse

Bärlauch waschen, trockentupfen und hacken. Hefe unter das Mehl mischen. Salz und Zucker dazugeben und mit Wasser und Öl verrühren. Bärlauch und Walnusskerne unterheben und zu einem glatten Teig verkneten. Anschließend an einem warmen Ort 1 Stunde gehen lassen. Danach den Teig nochmals durchkneten, in eine mit Butter ausgestrichene 10 x 25-cm-Kastenform füllen und mit Käse bestreuen. Im vorgeheizten Backofen bei 180 °C ca. 30–40 Minuten backen.

100 g Feta-Käse
½ Bund Petersilie, gehackt
½ Bund Schnittlauch,
in Röllchen geschnitten
Salz und Pfeffer

Knoblauchzehen mit Schale in Öl zugedeckt 10 Minuten garen. Vom Herd nehmen, abkühlen lassen und aus der Schale drücken. Danach mit der gepellten Zwiebel klein hacken. Frischkäse und Feta mit Petersilie und Schnittlauch vermischen. Knoblauch und Zwiebel unterheben und mit Salz und Pfeffer abschmecken. Nach Belieben zu kleinen Kugeln formen und in Zwiebelwürfel oder Schnittlauch wälzen.

Dithmarscher Erbsen-Quiche

Teig:

750 g mehlige Kartoffeln
1 Ei
2 EL Mehl
25 g Butter
Salz und Pfeffer

Kartoffeln schälen, waschen und grob reiben. Ei, Mehl und Butter vermengen. Kartoffelraspel unterheben. Gut mit Salz und Pfeffer würzen. Teig in eine 28-cm-Springform geben, fest andrücken und kalt stellen.

Füllung:

450 g TK-Erbsen
2 Kohlrabi
5 Stiele Thymian
Saft ½ Zitrone
2 Eier
100 ml Sahne
200 g Schmand
75 g Parmesan, fein gerieben

Erbsen kurz blanchieren, danach in einem Sieb abtropfen lassen. Kohlrabi schälen und fein reiben. Thymianblätter abzupfen. Erbsen, Kohlrabi und Thymian vermischen und auf dem Teig verteilen. Zitronensaft, Eier, Sahne, Schmand und Parmesan vermengen, abschmecken und alles über die Quiche gießen. Im vorgeheizten Backofen bei 180 °C ca. 40–45 Minuten backen.

Vollerwieker Himbeertraum mit Maracuja und fruchtige Chili-Orangen-Butter

Vollerwieker Himbeertraum mit Maracuja

300 g TK-Himbeeren
3 reife Maracujas
1 Pck. 1-2-3 Fruchtaufstrich (á 130 g) ohne Kochen

Himbeeren auftauen und in ein großes Gefäß geben. Maracujas halbieren, Mark herauskratzen und zu den Himbeeren geben. 1-2-3 Fruchtaufstrich untermischen und mit dem Pürierstab pürieren. Anschließend in Gläser füllen. Ca. 2 Wochen haltbar.

Fruchtige Chili-Orangen-Butter

Orangenabrieb einer ½ Orange, unbehandelt
1 große rote Chilischote
50 g weiche Butter
Salz

Orange heiß abwaschen, abtrocknen und die Schale abreiben. Chilischote waschen, halbieren, entkernen und fein würfeln. Beides unter die weiche Butter rühren und mit Salz abschmecken.

Karotten-Birne-Smoothie

1 Person

2 Karotten
1 Birne
½ Grapefruit, geschält
1 EL Chia-Samen
120 ml Mandelmilch
½ TL Honig

Karotten, Birne, Grapefruit würfeln, mit den Chia-Samen in den Mixer geben und kurz durchmixen. Mandelmilch und Honig dazugeben und fein pürieren. Statt Mandelmilch kann man auch Sojamilch oder Wasser dazugeben.

Küstenrührei mit frischen Nordseekrabben

Zutaten für zwei Scheiben Brot:

1 Tomate
3–4 Eier
3 EL Milch
Salz und Pfeffer
4 EL Butter
1 kl. Zwiebel, fein gehackt
1 Frühlingszwiebel, in Ringe geschnitten
200 g frisch gepulte Nordseekrabben
2 Scheiben Vollkornbrot
Salatblätter

Tomate klein würfeln und auf Küchenpapier abtropfen lassen. Eier mit Milch, Salz und Pfeffer verrühren. 2 EL Butter in einer kleinen Pfanne erhitzen, Zwiebelwürfel und die Hälfte der Frühlingszwiebel darin andünsten. Tomate und Eier-Milch-Masse darüber geben und stocken lassen.

Vollkornbrot mit 2 EL Butter bestreichen und mit Salat belegen. Rührei darauf geben. Krabben mit der restlichen Frühlingszwiebel vermischen und darüber geben.

Lachs-Aufstrich

200 g Frischkäse
30 g Crème fraîche
1 TL Ketchup
300 g Räucherlachs
1 Bund Dill, gehackt
Salz und Pfeffer
15 ml Zitronensaft

Frischkäse, Crème fraîche und Ketchup vermengen. Lachs fein schneiden, pürieren und mit dem Dill unterrühren. Mit Salz, Pfeffer und Zitronensaft abschmecken.

Auch das *Koog Café* in Wesselburenerkoog stellte ich meinen Leserinnen und Lesern schon in dem Café-Buch Nr. 2 *Kann denn Süßes Sünde sein?* und in der Sonderedition *Winterlich Süßes* vor. Es ist denkbar günstig gelegen an der Straße von Heide nach St. Peter-Ording, die über die Eiderabdämmung führt, im Volksmund Eidersperrwerk. Durch die Fenster ihres Cafés ist die weite flache Landschaft Dithmarschens zu erblicken. Aber im Inneren hat die hübsche, junge, immer freundliche Berit Wilkens hier aus der ehemaligen alten Hufschmiede, in der die Ackerpferde der Bauern der Umgebung beschlagen wurden, ein überaus gemütliches Café gestaltet. Im Winter sehr kuschelig und warm mit Kaminofen und im Sommer erweitert durch die große Terrasse und den Garten mit urigen Gartenmöbeln und Strandkörben. In Sichtweite für die Eltern befindet sich auch ein Kinderspielplatz. Hier kann samstags, sonntags und feiertags ab 10:00 Uhr herrlich und genussvoll mit allem Drum und Dran ge-

frühstückt werden: mit selbst gebackenem Bärlauchbrot, Dithmarscher Erbsen-Quiche oder einem Küstenrührei mit frischen Nordseekrabben. Die Bauern, Bäcker, Schäfer und Fleischer sind ja alle gleich um die Ecke und garantieren für frische naturreine Ware. Ein Sortiment von Tee- und Kaffeevariationen sorgen für den morgendlichen Genuss. Also halten Sie mal an auf Ihrer Wegstrecke zum oder vom Urlaubsort, oder treffen sich sich mit Freunden und lassen Sie sich von Berit und ihrem Bruder Martin verwöhnen.

Janbeck*s FAIRcafé

Schwedische Diamanten

350 g Zucker
2 Eier
250 g Butter
350 g Mehl
2 TL Backpulver
3 TL Kakaopulver
2 TL Vanillezucker
2 Eiweiß
gehobelte Haselnüsse/Mandeln

Zucker und Eier in einer Rührschüssel gut verschlagen. Butter dazugeben. Mehl, Backpulver, Kakao und Vanillezucker vermischen, zu der Ei-Zuckermasse geben und schnell miteinander vermengen. Danach 1 Stunde kalt stellen. Den Teig auf einem mit Backpapier vorbereiteten Blech 2–3 mm dick ausrollen. Eiweiß steif schlagen und den Teig damit bestreichen. Gehobelte Haselnüsse/Mandeln darüber streuen. Im vorgeheizten Backofen bei 175 °C ca. 12 Minuten backen. Sofort in gewünschte Formen schneiden und dann abkühlen lassen.

Brennnessel-Scones

250 g Weizenmehl (Typ 550, wenn es fein sein soll, sonst 1050)
2 TL Backpulver
1 Prise Salz
125 ml kalte Milch
3 EL kaltes Wasser
30 g Butter
1 Handvoll Brennnesselblätter

Mehl, Backpulver und Salz in eine Schüssel geben. Milch, Wasser und Butter dazugeben und alles verkneten. Die klein geschnittenen Brennnesselblätter dazugeben und nochmals gut verkneten.
Den Teig etwa 2–3 cm dick mit dem Nudelholz ausrollen. Mit einem Sektglas Kreise ausstechen und auf das mit Backpapier ausgelegte Blech legen. Im vorgeheizten Backofen bei 170 °C ca. 25 Minuten backen. Schmecken am besten warm mit Butter.

Matjessalat à la Rosa

4 PERSONEN

1 Kartoffel (etwa 200 g, festkochend)
1 TL Senfpulver
1 EL Wasser
1 Glas Rote Beete-Kugeln (220 g Abtropfgewicht)
1 kl. säuerlicher Apfel
200 g gekochter Schinken
200 g Matjesfilet (2 doppelte)
2 Essiggurken/Senfgurken
200 g saure Sahne
Salz und Pfeffer

Kartoffel mit Schale kochen, abkühlen lassen, pellen und in Würfel schneiden. Senfpulver mit 1 EL Wasser verrühren und 10 Minuten quellen lassen. Rote Beete abtropfen lassen und fein würfeln. Apfel, Schinken, Matjes und Gurken fein würfeln. Die saure Sahne mit dem angerührten Senfpulver vermischen, salzen und pfeffern und die Würfel aller anderen Zutaten dazugeben. Abschmecken, durchziehen lassen, fertig.

Michels Knäckebrot

100 g Butter
150 g 4-Kornflocken (Hafer, Roggen, Dinkel, Gerste)
25 g Sesamsaat
25 g Mohnsamen
½ EL Honig
150 g Dinkelmehl
½ TL Salz
1 TL Backpulver
100 ml kochendes Wasser

Körner für die Garnitur:
1 EL Leinsamen
1 EL Mohnsamen
1 EL Sesamsamen
1 EL Sonnenblumenkerne

Butter in einem Topf langsam zerlassen. Flocken, Samen und Honig dazugeben. Mehl, Salz und Backpulver in eine Rührschüssel geben. Die Masse aus dem Topf und das heiße Wasser dazugeben und alles gründlich vermischen. Am besten geht es mit einer Küchenmaschine. Backblech (40x50 cm) mit Backpapier auslegen und den Teig möglichst dünn darauf verstreichen. Die Körner für die Garnitur vermischen und gleichmäßig auf dem Teig verteilen. Im vorgeheizten Backofen bei 150 °C ca. 35 Minuten backen. Danach etwas auskühlen lassen und sofort in Stücke schneiden. Knäckebrot am besten in einer Blechdose aufbewahren, dann bleibt es schön knusprig.
Die Körner können nach Belieben verändert werden, wenn die Gesamtmenge stimmt.

Blaubeeraufstrich

1 kg Blaubeeren
500 g Gelierzucker 2:1

Blaubeeren mit dem Gelierzucker vermischen. Ganze Beeren über Nacht ziehen lassen. Am nächsten Tag anpürieren. Nach Packungsanweisung aufkochen und 3 Minuten köcheln lassen. Zum leichteren Einfüllen in ein Litermaß geben, in vorbereitete Gläser geben und verschließen. Heiße Gläser nie vom Tisch abheben!

Pancakes à la Heidi

1 Becher Mehl
(Fassungsvermögen 250 ml)
1 geschlagenes Ei
⅔ TL Backpulver
1 EL Öl
¾ –1 Becher Milch
(Fassungsvermögen 250 ml)

Fett für die Pfanne
Akazienhonig

Zutaten miteinander verquirlen und etwas aufquellen lassen. Fett in der Pfanne erhitzen und darin kleine Pfannkuchen (ca. 10 cm Durchmesser) abbacken. Erst wenden, wenn der Teig am Rand beginnt gar zu werden. Fertige Pfannkuchen wie einen Turm aufeinanderschichten, mit Akazienhonig übergießen und servieren.

Wilde Kräuterpaste

versch. Kräuter aus dem Garten (gerne auch essbare Wildkräuter)
Salz und Pfeffer
gutes Pflanzenöl

Gesammelte Kräuter gut waschen, vorsichtig trocknen und pürieren. Etwas Salz und Pfeffer dazugeben, in ein Glas füllen und mit Öl auffüllen. Ein paar Tage ziehen lassen. Diese Paste eignet sich gut zum Würzen von Soßen oder Quark. Man kann sie aber auch pur aufs Brot streichen. Einfach ein Hochgenuss!

Überraschungsaufstrich

1 kg Bio-Zitronen
100 g junge Brennnesselblätter
1 kg Zucker

Zitronen heiß waschen, die Enden abschneiden und in kleine Stücke schneiden. Zusammen mit den gewaschenen Brennnesselblättern in einer Küchenmaschine fein pürieren. Zucker dazugeben und alles gut vermengen. Anschließend in Gläser füllen und eine Nacht stehen lassen. Kühl gelagert ist er ca. 14 Tage haltbar.

Weißbrot

Zutaten für 2 Brote

800 g Weizenmehl
800 g Weizenschrot
3 Würfel Hefe
4 TL Salz
750 ml Wasser

Mehl und Schrot in eine Schüssel geben. Hefe, Salz und Wasser dazugeben und 15 Minuten gehen lassen (der Schrot zieht viel Wasser). Anschließend alles miteinander durchkneten und weitere 15 Minuten gehen lassen. Teig in gefettete ca. 14 x 30-cm-Kastenformen füllen und im vorgeheizten Backofen bei 180 °C ca. 40 Minuten backen. Wer möchte kann das Brot mit etwas Wasser bestreichen und Mohnkörner vor dem Backen daraufstreuen.

Auch die nächste Station auf unserer Frühstücksreise führt uns zu einem alten Bekannten an der Geltinger Bucht in Angeln an der Ostsee, *Janbeck*s FAIRcafé*. Dieses vorbildliche Café habe ich schon im Café-Buch Nr. 8 *Hier gibt's Süßes!* vorgestellt. Der skandinavische Stil, in dem die Räumlichkeiten eingerichtet sind, und die besondere Reinheit der Produkte haben viele Leserinnen und Leser neugierig gemacht. Ernährung und Fairtrade sind hier in besonderer Weise umgesetzt worden. Frisch gemolkene Milch, Obst aus dem Bauerngarten, Eier vom Nachbarhof, natürlich frisch gebackene Brötchen und Brote und fair gehandelter Kaffee spiegeln eine Weltsicht wieder, die bei Uta und Stephan Janbeck besonders ausgeprägt ist. Das erkannte auch eine Interessengruppe, die sich FEINHEIMISCH nennt. Von ihr wurde der Betrieb *Janbeck*s FAIRcafé* als vorbildlich bezeichnet. Aber nicht nur die in meinem Café-Buch beschriebenen Kuchen und Torten fallen unter dieses ungeschriebene Gesetz der Janbecks, sondern natürlich auch die leckeren Produkte, die auf den Frühstückstisch kommen. „Hier geht's für Pensionsgäste morgens ab 8:00 Uhr los, da servieren wir unsere immer frisch zubereiteten Frühstücksteller, und es kann geschlemmt werden. Ab 11:00 Uhr kommen dann die Tagesgäste dazu. Man kann bei uns auch bis 13:00 Uhr weiter frühstücken, das nehmen wir nicht so genau", sagt Uta in ihrer charmanten Art. „Das Wohlbefinden der Gäste steht bei uns an erster Stelle, und hier an der Geltinger Bucht kann man wirklich in vollen Zügen genießen!"

Café Lindauhof

Lachstorte

8 Scheiben Toast- oder Vollkornbrot
400 g Frischkäse
2 EL Sahnemeerrettich
600 g Räucherlachs
Radieschen, Gurke, Rucola, Ei und Kirschtomaten

Zwei Scheiben Brot auf einen Teller nebeneinander legen. Frischkäse mit Sahnemeerrettich zu einer Creme verrühren. Ein Viertel der Creme auf den Brotscheiben verstreichen. Anschließend dünn mit Räucherlachs belegen. Nach Belieben Gemüse oder Eischeiben darauf verteilen. Mit weiteren zwei Brotscheiben belegen, ein zweites Viertel Frischkäse-Creme darauf verstreichen und wieder im Wechsel Lachs, Gemüse oder Ei auflegen. Mit weiteren zwei Brotscheiben belegen, ein drittes Viertel der Creme darauf verstreichen und wieder im Wechsel Lachs, Gemüse oder Ei auflegen. Mit den letzten beiden Brotscheiben belegen und die Lachstorte mit der restlichen Creme einkleiden. Nach Belieben mit Rucola, Gurke, Radieschen und Kirschtomaten dekorieren.

Tipp:
Für eine große Frühstücks-Party einfach die Zutaten verdoppeln.

Chia-Frühstücks-Müsli

1 Person

Die Grundlage für jedes Chia-Frühstück besteht aus folgender Mischung:

40 g Haferflocken
1 EL Chia-Samen
50 g Naturjoghurt
75 ml Mandelmilch (alternativ auch Soja-, Hafer-, Reis- oder Kuhmilch)

Alle Zutaten z.B. in ein Einmachglas geben. Je nach Belieben mehr oder weniger Milch hinzufügen. Mischung gut schütteln und am besten über Nacht in den Kühlschrank stellen.

Kombinieren Sie die Haferflockenmischung beliebig mit einer der Schicht-Variationen. Genießen Sie das Chia-Müsli kalt oder warm.

Blaubeer-Zitronen -Schicht:

1 EL Blaubeermarmelade
½ TL Bio-Zitronenschale, gerieben
¼ TL Vanillezucker
1 Handvoll Heidelbeeren

Schokolade-Erdbeer-Schicht:

1 EL Honig
1 TL Kakaopulver
1 EL Schokoladenspäne
1 Handvoll Erdbeeren, in Scheiben geschnitten

Banane-Nuss-Schicht:

1 EL Honig
1 EL Nussbutter
(Butter und gem. Nüsse vermengen)
2 EL Walnüsse, gehackt
(od. Haselnüsse/Mandeln)
½ Banane, in Scheiben geschnitten

Nuss-Nougat Blumenbrot

500 g Mehl
1 Pck. Trockenhefe
1 Prise Salz
70 g Zucker
180 ml warme Milch
30 g geschmolzene Butter
2 Eier
ca. 1 EL Pflanzenöl (z.B. Rapsöl)
ca. 150 g Nuss-Nougat-Creme

Glasur:
1 Eigelb
1 EL Milch

Mehl, Hefe, Salz und Zucker in eine Schüssel geben und vermengen. Warme Milch, zerlassene Butter und die Eier dazugeben und zu einem glatten, festen Teig verkneten. Öl in eine neue saubere Schüssel geben. Den Teig hinein legen und etwas wenden, sodass er rundherum eingeölt ist. Anschließend an einem warmen Ort ruhen lassen, bis er sich mindestens verdoppelt hat.

Den Teig auf eine bemehlte Arbeitsfläche geben und in vier gleich große Portionen teilen. Jede Portion zu einer ca. 28 cm großen und ca. 3 mm dicken Teigplatte ausrollen. Backblech mit Backpapier auslegen. Eine Teigplatte darauf legen und mit einem 28-cm-Tortenring eine Markierung hineindrücken. Die Nuss-Nougat-Creme 30 Sekunden in die Mikrowelle stellen, damit sie streichfähiger ist. Anschließend die Creme bis zur Markierung dünn auf dem Boden verstreichen. Mit weiteren zwei Teigplatten ebenso verfahren und aufeinander schichten. Den Schluss bildet die vierte Teigplatte. Den Rand rundherum verschließen oder mit einem spitzen Messer vorsichtig abschneiden, damit es eine runde Form ergibt. Ein Glas in die Mitte des Deckels stellen. Den Teig nun in 16 gleich große Tortenstücke teilen und immer vom Rand des Glases zum äußeren Rand schneiden. Anschließend das Glas entfernen, denn es dient nur als Orientierungspunkt. Nun die Tortenstücke am äußeren Rand vorsichtig anheben und mit zwei Händen jeweils ein Tortenstück zweimal um die eigene Achse drehen (wie eine Kordel), und zwar eins links und eins rechts herum. Eigelb mit etwas Milch verrühren und die Tortenstücke damit einpinseln. Anschließend zugedeckt noch einmal 15 Minuten ruhen lassen. Im vorgeheizten Backofen bei 180 °C Umluft 15–20 Minuten backen.

Erdbeer-Smoothie

4 Personen

350 g frische oder TK-Erdbeeren
1 Banane
500 ml Orangensaft
1 EL Waldhonig
4 Erdbeeren für die Garnitur

Erdbeeren putzen, vierteln und auf einem Brettchen einfrieren. Banane schälen und mit dem Orangensaft, Honig und gefrorenen Erdbeeren glatt pürieren. In Gläser füllen und mit je einer Erdbeere dekorieren.

Grießflammerie mit Orangenfilets, Pistazien und Honigsoße

½ l Milch + 2 EL
Abrieb einer ½ Bio-Zitrone
1 Prise Salz
60 g Grieß
2 EL Zucker
1 Ei, getrennt
2 Bio-Orangen
2 EL flüssiger Honig
1 TL gehackte Pistazien

½ l Milch, Zitronenschale und Salz aufkochen. Grieß einrühren und bei schwacher Hitze unter Rühren 5 Minuten köcheln lassen. Zucker unterrühren. Grießflammerie zur Seite stellen und etwas abkühlen lassen. Eiweiß steif schlagen, Eigelb und 2 EL Milch verrühren und unter den Grießflammerie geben. Eischnee unterheben. Eine Form für ca. ¾ l Inhalt kalt ausspülen, Grießflammerie einfüllen und glatt streichen. Anschließend ca. 3 Stunden kalt stellen. Beide Orangen so schälen, dass die weiße Haut vollständig entfernt wird. Filets mit einem scharfen Messer zwischen den Trennhäuten herauslösen. Restlichen Saft aus den Trennhäuten pressen und auffangen. Saft mit Honig verrühren und die Orangenfilets darin marinieren. Grießflammerie auf einen Teller stürzen. Mit Orangenfilets, Pistazien und Zitronenmelisse garnieren.

Gefüllte Eier

2 Personen

4 Eier
1 EL Mayonnaise
½ TL Senf
Salz und Pfeffer

Eier hart kochen, abschrecken und pellen. Anschließend vorsichtig halbieren, sodass das Eiweiß ganz bleibt. Das Eigelb mit einem Teelöffel herausheben und mit etwas Mayonnaise zu einer sämigen Creme rühren, nach Belieben mit Senf, Salz und Pfeffer abschmecken. Danach in einen Spritzbeutel mit großer Tülle füllen und die Creme auf die Eiweißhälften spritzen. Nach Geschmack mit Radieschen, Petersilie und Cornichons verzieren.

Butterbrötchen

Zutaten für 15–20 Brötchen

Teig:

50 g frische Hefe
200 ml Milch
125 g Zucker
600 g Mehl
2 Eigelb
70 g zerlassene Butter
1 Pck. Vanillezucker
1 Prise Salz

Streusel:

50 g Mehl
50 g weiche Butter
50 g Zucker

1 Ei

Hefe in warmer Milch zusammen mit 1 TL Zucker und 2 EL Mehl verrühren und 15 Minuten gehen lassen. Restliche Teigzutaten in eine Rührschüssel geben und mit der Hefe-Mischung zu einem glatten Teig verquirlen. Teig an einem warmen Ort 30–60 Minuten gehen lassen, er sollte sich verdoppeln.

Brötchen (ca. 4 cm Durchmesser) aus dem Teig formen und auf ein mit Backpapier belegtes Backblech legen.

Aus Mehl, weicher Butter und Zucker Streusel herstellen und anschließend die mit dem Ei bestrichenen Brötchen damit bestreuen. Im vorgeheizten Backofen bei 160 °C Umluft ca. 15–20 Minuten backen.

Tipp:
Nach Belieben kann man aus dem Teig auch Hörnchen oder Croissants formen und mit Backmohn, Nuss-Nougat-Creme oder Apfelkompott bestreichen oder füllen.

Frühstücks-Shake

2 Personen
1 Banane
2 Handvoll Weintrauben, kernlos
150 g Heidelbeerjoghurt
2 EL Haferflocken

Alle Zutaten zusammen in eine Schüssel geben und mit dem Pürierstab schaumig mixen. Anschließend in halbhohe Gläser füllen und mit frischem Obst dekorieren. Im Sommer 1–2 Eiswürfel drunter mixen, sehr erfrischend!

Tipp:
Als „To go-Shake" in einem verschließbaren Glas – eine kleine Mahlzeit für die Reise oder für's Büro.

„Eulen nach Athen tragen" hieße es, Ihnen das *Café Lindauhof* in Lindau nahe der Schlei vorzustellen. Schon im Café-Buch Nr. 7 *….aber süß muss es sein* zeigte sich die absolute Spitzenklasse der Kuchen und Torten. Es ist die ehemalige Praxis aus der ZDF-Serie „Der Landarzt", deren Silhouette und Innenräume Ihnen vom Fernsehen bekannt sind. Nachdem diese Produktion eingestellt wurde, ist hier in der romantischen Landschaft Angelns, nahe der Stadt Kappeln, unter der ausgesprochen fachlich versierten Leitung von Sonja Karberg, ein wunderschönes und gemütliches Landcafé entstanden. Es genießt weithin einen guten kulinarischen Ruf – nicht zuletzt wegen seines leckeren Frühstücks, das hier samstags und sonntags auf seine Genießer wartet. Reichhaltig ist das Angebot der verschiedenen Frühstücksvariationen, und für jeden Geschmack ist etwas dabei. Ab 11:00 Uhr kann man hier schlemmen. Im Januar, wenn die super Crew sich selbst eine Auszeit gönnt, ist das *Café Lindauhof* allerdings geschlossen.

„Nach Abschluss der Dreharbeiten zur Serie *Der Landarzt* haben wir sofort die Ärmel hochgekrempelt und, da ich aus der Tourismusbranche bin, dieses alte Ritterburggebäude zu meinem Traumcafé umgestaltet und … es hat funktioniert", erzählt die hübsche, sympathische Sonja Karberg voller Enthusiasmus. „Neben unserem vielseitigen Angebot von Kuchen und Torten ist unser Frühstück mit Produkten aus der Region unser ganz großes Anliegen."
Probieren Sie es selbst! Sie werden begeistert sein.

1919
No.26

Café Crêperie Provence

Birnenkonfitüre mit Rosmarin

1 kg reife Williams-Christ-Birnen
500 g Gelierzucker 2:1
1 TL Rosmarin, gehackt

Geschälte und entkernte Birnen grob zerkleinern und mit Gelierzucker und Rosmarin vermengen. Bei 100 °C ca. 10 Minuten kochen. Gelierprobe nicht vergessen und eventuell etwas Zitronensaft hinzufügen. Anschließend in sterile, gut verschließbare Gläser füllen.

Rote Stachelbeerkonfitüre mit Rhabarber

700 g rote Stachelbeeren
300 g Rhabarber
500 g Gelierzucker 2:1

Stachelbeeren waschen, von Stiel- und Blütenansätzen befreien und halbieren. Rhabarber waschen und in zentimetergroße Stücke schneiden. Beides mit dem Gelierzucker mischen und 10 Minuten bei 100 °C kochen. Sollte die Konfitüre geschmacklich zu herb sein, noch etwas Zucker hinzufügen (wahlweise Bourbon-Vanillezucker). Anschließend in sterile, gut verschließbare Gläser füllen.

PROV

Crêpe mit Brie, Feigenkonfitüre und Thymian

Zutaten für 4 Crêpes

Teig:

125 g Mehl
2 Eier
125 ml Milch
1 Prise Salz
1 Prise geh. Thymian

Zutaten gut vermengen und eine ½ Stunde quellen lassen.

Belag:

1/8 Brie-Torte, in Scheiben geschnitten
gesalzene Butter
Feigenkonfitüre
getrockneter Thymian

Crêpeteig sehr dünn auf der Crêpescheibe oder in einer beschichteten Pfanne ausdrehen, kurz backen und drehen. Butter auf den Teig streichen. Zwei Reihen Brie der Länge nach auf den Crêpe legen, sofort mit Feigenkonfitüre bestreichen und mit Thymian bestreuen. Wenn der Crêpe an der Unterseite leicht gebräunt ist, die Seiten über den Brie schlagen. Der Crêpe ist fertig, wenn der Brie zu schmelzen beginnt. Nach Belieben garnieren und sofort servieren.

Eiersalat

pro Person 1 Ei (M)
graues Meersalz aus Frankreich
gute Salatmayonnaise
½ Bund Schnittlauch
roter Pfeffer

Eier 8 Minuten kochen, abschrecken, pellen, in Scheiben schneiden und nochmals halbieren. Eine Prise graues Meersalz hinzufügen (sehr intensiv) und vorsichtig durchmengen. Salatmayonnaise unterziehen und sehr klein geschnittenen Schnittlauch unterrühren. 2 Stunden ziehen lassen. Mit rotem Pfeffer garnieren.

Frischkäsesalat

125 g Frischkäse
125 g Sahnequark
5 EL Ananassaft
1 Prise Zitronenpfeffer
1 kl. roter Apfel
3 EL Ananasstücke aus der Dose
½ Stange Frühlingszwiebel

Frischkäse, Quark und Ananassaft gut verrühren. Zitronenpfeffer unterheben. Apfel waschen, entkernen und mit Schale in kleine Würfel schneiden. Ananasstücke ein wenig kleiner hacken. Frühlingszwiebel putzen und mit der Schere in kleine Ringe schneiden. Alle Zutaten unter die Creme heben. 2 Stunden ziehen lassen und mit Zitronenpfeffer oder Kresse garnieren.

In der wunderschönen Altstadt von Bad Oldesloe finden wir in einem historischen Kornspeicher das *Café Crêperie Provence*. Der Gast wird empfangen vom Duft frisch gebackener Croissants und dem unverwechselbaren Klang französischer Chansons. Alles an und in diesem Café ist französisch geprägt. Wenn an der Fassade des Hauses die Trikolore weht und davor der alte Renault, Baujahr 1957, parkt, hat Martina Krämer geöffnet. Sie ist Schleswig-Holsteinerin aus Oering, Kreis Bad Segeberg, gelernte Bankerin, wollte dann aber selbstbestimmt leben und ihre Begeisterung für die Provence nach Schleswig-Holstein tragen. In Bad Oldesloe hat sie gegenüber der Peter-Paul-Kirche und dem sich noch heute drehenden Wasserrad der ehemaligen Kornmühle ihre ideale Location gefunden (Kirchberg Nr. 2).

Wie der Name ihres Cafés schon sagt, hat Martina Krämer sich auf Crêpes spezialisiert, die man in verschiedenen Variationen süß bis würzig genießen kann. Ihr Frühstück umfasst aber natürlich auch Croissants mit vielen französischen Spezialitäten und verschiedene Flammkuchen. Dazu gibt es französischen Kaffee in verschiedenen Geschmacksrichtungen, das macht den Genuss perfekt! Weiter werden via kleinem, mittlerem und großem Frühstück für Genießer selbst gemachte Salate und Obst angeboten. Ein Frühstück für Vegetarier rundet den Genussreigen ab.

„Die Provence ist für mich der Inbegriff guter französischer Küche und französischen Lebens. Wie dort servieren wir hier einen sehr guten französischen Landwein. Mein geliebter alter Renault ist witzigerweise in meinem Geburtsjahr 1957 gebaut worden, wird täglich gefahren und leistet mir beim Einkauf für das Café treue Dienste. Wir haben ganzjährig ab 10:00 Uhr geöffnet und laden unsere Besucher nicht nur zum Schlemmen, sondern auch zu Entdeckungsspaziergängen in das wunderschöne Bad Oldesloe ein.“

Antik Café La Donna

French Toast mit Obst

4 Personen

Zutaten Royal:

250 ml Milch
4 Eier
Mark 1 Vanilleschote
2–3 EL Holunderblütensirup

Alle Zutaten miteinander verquirlen.

weitere Zutaten:

12 Scheiben Vollkorn- oder Weizentoast
Butter
4 vollreife Bananen, in Scheiben
Sahnefrischkäse
12–15 frische, reife Erdbeeren
Ahornsirup/Puderzucker

Toastscheiben in die Royal tauchen, so dass diese sich vollsaugen. Anschließend in einer Pfanne bei mittlerer Hitze goldgelb braten. Ob in Butter oder Öl gebraten, ist Geschmacksache.
Die erste Scheibe nun mit Butter zart bestreichen und mit Bananenscheiben belegen. Die zweite Scheibe auflegen und mit Frischkäse bestreichen. Darauf die geschnittenen Erdbeeren anrichten. Zum Schluss die letzte Scheibe auf die Erdbeeren geben. Am besten mit Ahornsirup oder Puderzucker servieren.

Tipp:
Die Aufstriche können variiert werden, ebenso das Obst. Sehr gut passen auch Mandelbutter, Kürbis- oder Nougatcreme dazu.

Tipp:
Die Pinienkerne auf einem Backblech im Backofen bei 160 °C rösten, sie brennen nicht so schnell an und werden gleichmäßig goldgelb. Die Zubereitung im Mörser ist schonender und aromatischer.

Basilikum-Rucola-Pesto

100 g Rucola
ca. 150 ml Sonnenblumen- oder Rapsöl
4–6 Knoblauchzehen, gepellt
75 g Pinienkerne, geröstet
120 g Basilikum
Salz und Pfeffer
130 g Parmesan
ca. 70 ml Olivenöl

Den gewaschenen Rucola in den Mixer geben und mit etwas Öl fein pürieren. Danach den Knoblauch und die Pinienkerne hinzugeben und ebenfalls pürieren. Anschließend die Basilikumblätter und das restliche Öl einfüllen und alles fein mixen. Masse umfüllen und mit Salz und Pfeffer würzen. Das Pesto sollte kräftig, jedoch nicht salzig schmecken. Zum Abschluss den Parmesan fein reiben, zusammen mit dem Olivenöl zum Pesto geben und unterrühren.

Himbeer-Brombeer-Konfitüre

15 g Ingwer
800 g Himbeeren
350 g Brombeeren
500 g Gelierzucker
1–2 Vanilleschoten
2 Stck. Sternanis
1 Zimtstange

Ingwer ungeschält in kleine Stücke schneiden. Zusammen mit den übrigen Zutaten aufkochen. Alles gut einkochen und Ansetzen am Topfboden vermeiden. Nach dem Aufkochen die nun leicht dickliche Masse durch ein feines Sieb streichen. Die Konfitüre in sterile Gläser füllen, fest verschließen und die Gläser auf dem Kopf stehend abkühlen lassen.

Pfefferbutter

250 g weiche Butter
1 Bund Schnittlauch, fein geschnitten
Saft 1 Zitrone
2 EL Chilipaste
2 rote Zwiebeln, fein gewürfelt
Salz zum Abschmecken

gemischter grober Pfeffer
6 EL Petersilie, fein gehackt

Weiche Butter mit dem Rührgerät schaumig schlagen. Alle Zutaten bis auf Pfeffer und Petersilie zur Butter geben. Alles gründlich unterziehen und mit etwas Salz abschmecken. Butter mit Hilfe von Klarsichtfolie oder Backpapier zu einer Rolle formen und anschließend im Kühlschrank durchziehen lassen. Pfeffer mit der Petersilie vermischen und die durchgezogene Butter so lange durch die Mischung rollen, bis sie einen gleichmäßigen Mantel erhält. Danach kann sie in Scheiben geschnitten und serviert werden.

Rote Bete-Graved Lachs

1 Seite Lachs, ca. 1,2–1,7 kg, grätenfrei
1 kg Salz
1 kg Zucker
2 Zitronen
2 Limetten
600 g frische Rote Beete, in Scheiben oder geraspelt
6 rote Zwiebeln, gewürfelt
4 Knoblauchzehen, gepellt und gewürfelt

Die Lachsseite gründlich waschen, Bauchlappen und Flossen abschneiden und alle kleineren Gräten entfernen. Salz und Zucker miteinander vermischen und ein Drittel auf ein ausreichend großes Blech streuen. Den Lachs mit der Hautseite auf die Salz-Zucker-Mischung legen. Zitronen und Limetten auspressen und einen Teil des Saftes auf den Fisch geben. Die Rote Bete zusammen mit dem Knoblauch, Zwiebeln und restlichem Saft pürieren. Diese Masse auf dem Lachs verteilen und alles mit der übrigen Salz-Zucker-Mischung bestreuen, so dass der Lachs komplett bedeckt ist. Ca. 36–48 Stunden durchziehen lassen, kühl lagern und dann genießen.

Honig-Senf-Sauce:

4 EL flüssiger Honig
4 EL scharfer Senf
Salz
schwarzer Pfeffer a.d. Mühle
2 TL Apfelessig
2 TL Rapsöl
2 TL fein geschnittene Dillspitzen

Honig und Senf verrühren und mit Salz, Pfeffer und Essig abschmecken. Rapsöl unterquirlen und die Dillspitzen unterrühren

Mit **Graved Lachs** (wörtlich übersetzt: eingegrabener Lachs) bezeichnet man Lachs, der durch Beizen haltbar gemacht wird. Früher wurde der frisch gefangene Fisch in mit Salz gefüllten Erdlöchern vergraben. Eine in Skandinavien traditionelle Konservierungsmethode, die aber auch in Deutschland bekannt ist. Er hat ein sehr feines Aroma und eignet sich besonders gut zu einem Brunch. Nach Geschmack kann man dazu eine Honig-Senf-Sauce reichen.

Rouille

1 kl. rote Paprikaschote
2 rote Chilischoten
5–6 Knoblauchzehen, abgezogen
1 TL grobes Meersalz
5–6 Safranfäden
1 frisches Eigelb
1 mittelgroße Kartoffel, mehlig
150 ml Olivenöl

Paprika- und Chilischote von Samen und Scheidewänden befreien. Paprika vierteln. Fruchtfleisch der Chilischote hacken und den Knoblauch fein würfeln. Paprikaviertel blanchieren, häuten und zusammen mit den Chili- und Knoblauchwürfeln mit Salz und Safran im Mörser fein zerreiben. Anschließend das Eigelb sorgfältig unterrühren. Gekochte und gepellte Kartoffel in Stücke schneiden und ebenfalls in den Mörser geben. Alles zu einer Paste verarbeiten und anschließend in eine Schüssel umfüllen. Das Öl erst tropfenweise, dann mit einem dünnen Strahl einlaufen lassen und mit einem Schneebesen kräftig unterrühren. So lange schlagen, bis die Rouille cremig hell wird und die Konsistenz von Mayonnaise bekommt.

Rouille ist auch eine traditionelle Begleiterin der französischen Fischsuppe „Bouillabaisse“.

Aioli

2 Scheiben Weißbrot ohne Rinde
125 ml lauwarme Milch
6–8 Knoblauchzehen, abgezogen und halbiert
1 TL Meersalz
1 frisches Eigelb
250 ml Olivenöl
Zitronensaft

Brot in der Milch einweichen. Knoblauch mit dem Salz im Mörser zerreiben. Das ausgedrückte Brot untermischen und die Masse kurz ruhen lassen. Eigelb unterrühren. Sollte die Masse noch zu fest sein, etwas lauwarmes Wasser unterrühren und das Ganze in eine große Schüssel füllen. Olivenöl nach und nach mit einem dünnen Strahl einlaufen lassen und so lange rühren, bis eine cremige Konsistenz entsteht. Zum Schluss die Aioli mit einigen Tropfen Zitronensaft abschmecken.

Ein Frühstück besonderer Art erwartet seine Gäste im *Antik Café La Donna* in Schlotfeld, 7 Kilometer nördlich von Itzehoe an der B 206 auf dem Weg nach Lübeck. Es wird geführt von der zauberhaften Ruzica Boccardo, auch Rosi genannt. Sie stammt aus Zagreb in Kroatien und lebt seit 26 Jahren in Schleswig-Holstein – unterstützt von ihren beiden Söhnen Carlo und Gennaro. Wie der Name schon sagt, ist alles für Zunge und Auge im *La Donna* mediterran geprägt. „Der Tag beginnt für mich und meine Crew und natürlich auch für meine Gäste immer mit einem original Türkischen Mokka. Das ist ein Muss! Mein Frühstück ist sehr vielseitig und bietet Köstliches aus dem Süden sowie aus der Region. Da gibt es French Toast, Rote Beete Graved Lachs, aber auch Holsteiner Schinken, Schleswig-Holsteinische Käsesorten und vieles mehr“, erzählt Ruzica Boccardo bei meinem Besuch in ihrem gemütlichen Café. Was gibt es schöneres als sich draußen auf ihrer Terrasse oder im romantischen ländlichen Garten mit einem Frühstück verwöhnen zu lassen.

Das gesamte Ambiente des *La Donna* ist sehr geschmackvoll antik geprägt, und alle Einrichtungsgegenstände können käuflich erworben werden. Weitere schöne Dinge warten auf die Besucher in der vielseitigen Boutique, in der Damen auch Garderobe finden, die das Herz höher schlagen lassen. Gästen, die auf Anhieb fasziniert sind und sich sozusagen „festgesetzt“ haben, werden mittags kulinarische Hochgenüsse von Anti-Pasti hin bis zum Espresso, leckere selbst gebackene Torten und Kuchen sowie unvergessliche romantische Candle-Light-Dinner angeboten. Im *La Donna*, dem Ristorante mit Charme und Herz, wie es heißt, warten auf Sie besondere Momente.

Hvala lijepa Ruzica!

N H M

Café Himmel und Erde

Arme Ritter mit Orangenfilets

2 Personen

2 Bio-Orangen
7 EL Zucker
2 Bio-Eier
200 ml Milch
2 dicke Scheiben Kastenweißbrot
Butter für die Pfanne

Orangen waschen und trocknen. Drei Teelöffel Schale abreiben und in einem tiefen Teller mit 6 EL Zucker vermischen. Orangen mit einem scharfen Messer so schälen, dass die weiße Haut entfernt wird. Die Fruchtfilets zwischen den Trennwänden herausschneiden. Den Rest ausdrücken und den Saft auffangen. Eier, Milch und 1 EL Zucker in einem tiefen Teller mit der Gabel kräftig verquirlen und den Orangensaft unterrühren. Weißbrot jeweils von beiden Seiten gut in die Eiermilch eintauchen, bis sie ganz aufgesogen ist. Anschließend in der Pfanne goldbraun braten. Brotscheiben diagonal teilen und im Orangenzucker wenden. Mit Orangenfilets servieren.

Buttermilchwaffeln mit Aprikosensahne

4 Personen

125 g weiche Butter
90 g Zucker
1 Prise Salz
4 Bio-Eier
250 g Mehl
2 TL Backpulver
20 g Vanille-Puddingpulver
250 ml Buttermilch

Öl für das Waffeleisen
2 EL Puderzucker

Aprikosensahne:
150 g reife Aprikosen
1 EL Zitronensaft
80 g Aprikosenkonfitüre
200 ml Schlagsahne, geschlagen

Butter, Zucker und Salz mit dem Handrührgerät 5 Minuten cremig rühren. Eier einzeln unterrühren. Mehl, Backpulver und Puddingpulver mischen und mit der Buttermilch unterrühren.
Aprikosen halbieren, entkernen, fein würfeln und mit Zitronensaft und Konfitüre verrühren. Sahne und Aprikosenmasse in eine Schale geben und locker miteinander vermischen.
Waffeleisen vorheizen, mit Öl bestreichen und Waffeln backen. Waffeln mit Puderzucker bestreuen und mit der Aprikosensahne servieren.

Buttermilchbrötchen

Zutaten für 12 Brötchen

280 g Mehl
2 gestr.TL Backpulver
½ TL Natron
½ TL Salz
6 EL Rapsöl
240 ml Buttermilch
brauner Zucker zum Bestreuen

Mehl, Backpulver, Natron und Salz vermischen. Öl und Buttermilch verrühren und unter die Mehlmischung geben. Zutaten verarbeiten bis ein gleichmäßiger Teig entsteht. Den Teig jedoch nicht zu lange bearbeiten. Mit zwei Teelöffeln im Abstand gleichgroße Häufchen auf ein gefettetes Backblech setzen und etwas glatt streichen. Im vorgeheizten Backofen bei 230 °C ca. 20 Minuten backen bis die Brötchen goldbraun sind. Anschließend mit dem braunen Zucker bestreuen.

Frischkäse-Omelette mit Gartenkresse

2 Personen

4 Bio-Eier
4 EL Mineralwasser
1 Prise Salz
schwarzer Pfeffer aus der Mühle
8 EL körniger Frischkäse
Öl zum Braten
1 Schale Gartenkresse

Eier, Mineralwasser, Salz, Pfeffer und etwas Kresse verquirlen und unterrühren. Eine beschichtete Pfanne bei mittlerer Hitze erhitzen. Öl und die Hälfte der Eimasse in die Pfanne geben und schwenken, so dass die Eimasse gut verteilt ist. Omelette stocken lassen, auf einer Hälfte den Frischkäse verteilen und die andere Hälfte zu einem Omelette umklappen. Mit der zweiten Hälfte der Masse wiederholen. Omelettes auf Tellern anrichten und mit der grob geschnittenen Kresse bestreuen.

Omelette-Muffins

4 Personen

8 Bio-Eier
2 EL Mineralwasser
Salz und Pfeffer

Mitten in der Fußgängerzone von Itzehoe, gegenüber der St.-Laurentii-Kirche, befindet sich das bekannte Café-Restaurant *Himmel und Erde*. Dieses wunderschöne Haus wurde 1709 erbaut und hat eine lange Geschichte. Heute gehört es zu den Itzehoer Kulturdenkmälern. Geleitet wird es von Werner Ehart. Er kommt aus Wien, wo er geboren wurde, aufwuchs und den Gastronomieberuf ergriff. Die Wiener Küche ist ja weltberühmt, und das schlägt sich auch „a bisserl" im Café-Restaurant *Himmel und Erde* nieder. Wobei Werner Ehart nicht mehr selbst in der Küche steht. Ausgesucht gutes Personal kocht und backt im Team mit Menschen aus den Glückstädter Werkstätten saisonale und regionale Speisen. Seine große Leidenschaft ist, sich um seine Gäste zu kümmern. „Ich verwöhne sie gerne mit gutem Service, den ich auf der MS Astor, dem seinerzeit ersten Traumschiff, gelernt habe. Auf diesem Schiff lernte ich meine Frau Bianka, eine Elmshornerin, kennen und lieben, und es zog mich zu ihr in Deutschlands Norden. Als ich das erste mal von dem Projekt *Himmel und Erde* erfuhr, wusste ich sofort, dass sich hieraus etwas ganz Besonderes machen ließe. Es ist ein Teil der Glückstädter Werkstätten und gehört zur Norddeutschen Gesellschafft für Diakonie e.V. „Hier arbeiten in einem Inklusionsprojekt gemeinsam Menschen mit und ohne Handicap zusammen. Mittlerweile sind wir seit Jahren ein Ausbildungsbetrieb, der auch lernschwachen Menschen die Möglichkeit eines Berufsabschlusses gibt."

Das Café-Restaurant *Himmel und Erde* bietet täglich in einem wunderschönen, geschmackvollen Ambiente ein reichhaltiges Frühstück an, ländlich mit städtischem Einschlag, das sich großer Beliebtheit erfreut. Besonders beliebt ist das Brunchbuffet, immer sonnabends von 10:00–14:00 Uhr. Die Produkte dafür stammen aus der Region und sind natürlich auch immer taufrisch. Außerdem gibt es einen Mittagstisch à la carte und nachmittags natürlich selbst gebackene Kuchen und Torten. „Wir bieten auch Beköstigung von ganzen Hochzeitsgesellschaften bis zu 100 Personen an. Das Brautpaar könnte sich also in der St.-Laurentii-Kirche trauen lassen, dann zu

225 g gekochter Schinken
150 g rote Paprika
150 g Zwiebeln
Fett für die Form

Eier, Mineralwasser, Salz und Pfeffer in einer großen Schüssel verschlagen. Schinken, Paprika und Zwiebeln fein würfeln, unter die Eimasse geben und verrühren. Muffinform mit 12 Mulden einfetten und die Eimischung darin verteilen. Im vorgeheizten Backofen bei 175 °C ca. 18–20 Minuten backen.

Fuß mit seinen Gästen zu uns herüber kommen und bei uns feiern. Dazu kommt noch der Laurentiussaal im ersten Stock, den wir als Tagungsraum nutzen. In unserem Garten bieten wir für 45 Gäste Platz, und die große Terrasse vor dem Haus hat weitere 40 Plätze. Ich sage immer, unser Café-Restaurant ist ein Chamäleon, wandelbar nach den Wünschen unserer Gäste, denn dass es denen gefällt, ist unser oberstes Anliegen. Itzehoe hat viel Kulturelles zu bieten und ist wirklich einen Ausflug wert.“

Café uppen Barg

Flusskrebssalat

½ Apfel
¼ rote Paprika
¼ gelbe Paprika
2 Stangen Frühlingszwiebeln
250 g Flusskrebsfleisch
3 EL Cranberry- oder Mirabellenessig
Salz und Pfeffer

Apfel entkernen, Paprika von Kernen und Häuten befreien und alles fein würfeln. Frühlingszwiebeln putzen, in feine Ringe schneiden, hinzugeben und vermischen. Flusskrebse und Essig darunter mischen. Alles etwas durchziehen lassen und mit Salz und Pfeffer abschmecken.

Lachssalat

100 g Räucherlachs
50 g Porree
1 EL Mayonnaise
1 EL Schmand
1–2 TL Sahne-Meerrettich

Lachs in kleine Stücke schneiden. Porree putzen, waschen und in feine Streifen schneiden. Danach beides mit den restlichen Zutaten vermischen. Wer es etwas schärfer mag, gibt mehr Meerrettich dazu.

Eiersalat

6 Eier, hart gekocht
2 EL Mayonnaise
1 EL Senf
¼ Pck. TK-Italienische Kräuter

Eier pellen, vierteln und mit den restlichen Zutaten vermischen. Etwas ziehen lassen.

Franzbrötchen

100 g Butter
250 ml Milch
1 Würfel Hefe
1 Prise Salz
1 Msp. Bio-Zitronenabrieb
1Prise Zimt
80 g Zucker
600 g Mehl
1 Ei

Butter schmelzen, Milch dazugeben und die Hefe darin auflösen. Salz, Zitronenabrieb, Zimt und Zucker zur Flüssigkeit geben und leicht umrühren. Mehl und Ei hinzufügen und den Teig durchkneten. Den fertigen Teig in zwei gleichgroße Stücke aufteilen und ca. 30 Minuten ruhen lassen.

150 g flüssige Butter
300 g Zucker- und Zimtmischung (2 TL Zimt, 280 g Zucker, vermischt)

Teigstücke auf ca. 50 x 40 cm ausrollen, mit der flüssigen Butter bestreichen und dick mit Zimtzucker bestreuen. Den Teig von der langen Seite aufrollen, in 5 cm dicke Scheiben schneiden und mit einem Kochlöffelstiel in der Mitte leicht andrücken. Stücke auf ein mit Backpapier belegtes Backblech legen und im vorgeheizten Backofen bei 170 °C ca. 20–25 Minuten, je nach Bräunung, backen.

Ananas-Apfel-Konfitüre

500 g frische Ananas
500 g Äpfel
1 kg Gelierzucker 1:1
etwas Zitronensaft

Früchte schälen und in 1 cm große Würfel schneiden. Fruchtstücke anschließend mit Gelierzucker und Zitronensaft vermischen, in einem Kochtopf zum Kochen bringen und ca. 3 Minuten sprudelnd kochen, dabei mehrmals umrühren. Danach 1 Minute ruhen lassen und anschließend in vorbereitete Gläser randvoll füllen. Gläser gut verschließen.

Erdbeer-Chili-Fruchtaufstrich

1 kg Erdbeeren
1 kl. Chilischote
¼ TL Zimt
½ TL Vanillezucker
500 g Gelierzucker 2:1

Erdbeeren putzen und mit dem Pürierstab klein mixen. Entkernte Chilischote in feine Streifen schneiden und hinzugeben. Anschließend alle Zutaten in einem Kochtopf aufkochen und ca. 4 Minuten kochen lassen, dabei ständig umrühren. Danach in vorbereitete Gläser füllen und fest verschließen.

Weizenbrötchen

½ Würfel Hefe
300 ml lauwarmes Wasser
1 TL Salz
500 g Mehl (Typ 405)
1 EL Sonnenblumenöl

Hefe mit dem lauwarmen Wasser in einer Schüssel gut verrühren. Salz hinzufügen. Wenn sich die Hefe gelöst hat, Mehl und Öl dazugeben und alles gut verkneten. Teig mit einem Geschirrtuch bedecken und an einem warmen Ort ca. 1 Stunde gehen lassen, bis er sich verdoppelt hat. Anschließend Brötchen aus dem Teig formen, auf ein mit Backpapier belegtes Backblech setzen und nach Belieben mit Mohn, Sonnenblumenkernen oder Haferflocken bestreuen. Im vorgeheizten Backofen bei 210 °C Umluft ca. 20 Minuten backen.

Kathrin und Karl Björn Petersen betreiben dieses mit viel Liebe eingerichtete Café in Duvensee im Kreis Herzogtum Lauenburg, das ich schon im Café-Buch Nr. 8 *Hier gibt's Süßes!* vorstellte. Nach ihrer Hochzeit hatten die beiden den Bauernhof geerbt. Folgerichtig gestalteten sie das schöne alte Fachwerk-Hofgebäude in ein Café um. Denn Kathrin kommt aus der Gastronomie-Branche, und das Gelände mit Äckern und Wiesen wurde zu einem Golfplatz, genannt Swingolf, denn Karl Björn ist ein Golfer mit Leib und Seele. Auf dem neugestalteten Gelände können die Gäste sich austoben. Das Besondere: Man braucht nicht Clubmitglied zu sein und das Golfspielen nicht gelernt zu haben. Eine kurze Einweisung und los geht's. Es gibt nur einen Einheitsschläger, der sich für alles eignet. Der Ball ist etwas größer als ein herkömmlicher Golfball und damit auch leichter zu treffen. Die 18 Löcher sind auch etwas größer und dadurch für Newcomer leichter zu treffen. Den glücklichen Spielern sieht man es an den Gesichtern an.

Das Frühstücksbuffet, das hier jeden Sonntag gezaubert wird, ist sehr lecker: mit knusprigen selbst gebackenen Brötchen und Franzbrötchen, Flusskrebs- und Lachssalat, Aufschnitt aus der Region und selbst gemachten Konfitüren. Allerdings muss man sich vorher anmelden, damit man einen Platz bekommt. Hier geben sich also Schlemmen und Sport die Hand.

Deichhof Haseldorf

Gebackene Ziegenkäsetaler mit Honig-Rosmarin

4 Personen

1 Baguette
4 EL Honig
2 Zweige frischer Rosmarin, gehackt
1 Rolle Ziegenweichkäse (200 g)

Baguette in Scheiben schneiden und toasten. Honig mit dem Rosmarin zu einer dickflüssigen Masse verarbeiten. Ziegenkäse in 1 cm dicke Taler schneiden, auf die Baguettescheiben setzen und großzügig mit der Honig-Rosmarinmasse bestreichen. Anschließend bei hoher Temperatur unter den Grill stellen, bis die Taler goldbraun sind.

Krustenbrot und Kräuterquark mit Wurzel- und Gurkensticks

Krustenbrot

500 g Mehl
500 ml Wasser
200 g Sauerteig
300 g Roggenkörner
1 TL Salz

Mehl, Wasser und Sauerteig (bei jedem guten Bäcker) vermischen und 12 Stunden stehen lassen. Die Roggenkörner abkochen und im Wasser 12 Stunden quellen lassen. Salz hinzufügen. Später abgetropft unter den Teig mischen.
Teig in einer 25 x 12-cm-Kastenform verteilen und bei Zimmertemperatur 4 Stunden abgedeckt stehen lassen. Im vorgeheizten Backofen bei 175 °C Umluft 1,5 Stunden backen.

Kräuterquark mit Wurzel- und Gurkensticks

4 Personen

3 Wurzeln
1 Salatgurke

Wurzeln und Gurke schälen, in lange Stifte schneiden und aufrecht in ein Glas stellen.

250 g Quark (40% Fett)
½ Becher Schmand
1 Schuss Olivenöl
½ Schale TK- 8 Kräutermischung
½ rote Zwiebel, fein gehackt
Salz
Schnittlauchröllchen

Alle Zutaten miteinander vermischen und kräftig salzen. Anschließend mit Schnittlauch bestreuen.

Fruchtjoghurt mit und ohne Müsli

4 Personen

250 g Joghurt (3,5% Fett)
250 g Mascarpone

1 kl. Tüte TK-Früchte (Himbeeren, Kirschen oder Heidelbeeren)
1 Pck. Vanillezucker
frische Früchte oder Müsli nach Geschmack

Joghurt und Mascarpone vermischen. TK-Früchte pürieren oder zerkleinern, mit Vanillezucker abschmecken und unter die Masse heben. Mit frischen Früchten garnieren oder mit Müsli aufstocken.

Tipp:
Sehr gut lässt sich der Joghurt auch mit Aprikosenkonfitüre süßen.

Spinat-Quiche

Teig:

150 g Vollkornmehl
100 g Butter
1 Ei
½ TL Salz
Fett für die Form

Alle Zutaten zu einem homogenen Teig verkneten und in einer gefetteten 28-cm-Spring- oder Tarteform verteilen.

Belag:

125 g Speisequark
75 g Créme Double
2 Eier
75 g weicher Schafskäse
Salz und Pfeffer
1 Prise Muskat

400 g Blattspinat
2 gehackte Knoblauchzehen (angedünstet)
2 gewürfelte Zwiebeln (angedünstet)

Alle Zutaten gut verrühren. Zum Schluss Spinat, Knoblauch und Zwiebeln dazugeben. Masse auf dem Teig verteilen und im vorgeheizten Backofen bei 180 °C Umluft ca. 30 Minuten backen. Quiche etwas abkühlen lassen, dann lässt sie sich besser schneiden.

Tipp:
Die Quiche lässt sich sehr gut einen Abend vorher zubereiten.

Tomaten-Mozzarella-Cocktail

Aus Olivenöl, Aceto Balsmico, Salz und Pfeffer eine Marinade herstellen. Kleine Mozzarella-Kugeln dazugeben und über Nacht darin ziehen lassen. Cherry-Tomaten halbieren und am nächsten Tag zusammen mit frischen Basilikumstreifen unterheben. In kleine Gläser füllen und servieren.

Klaus Rebattu ist vielen von Ihnen inzwischen ein Begriff. Ich stellte ihn schon mit seinem *Deichhof Haseldorf* in meinem Café-Buch Nr. 3 *Nur Süßes im Sinn* vor, denn die Fahrt dorthin lohnt sich auf jeden Fall! Auch für Frühstücksgäste hält er ganz besondere Schmankerl bereit wie: Gebackene Ziegenkäsetaler mit Honig-Rosmarin, selbst gebackenes Krustenbrot oder eine Spinat-Quiche. „Bei uns ist das Frühstück eine ‚Brotzeit', wie man es in Deutschlands Süden nennt", erzählt er mit vielsagender Miene. Also, nichts wie hin, da erwarten einen viele Leckereien.

Klaus Rebattu ist aber nicht nur im Bereich des Lukullischen ein Künstler, sondern auch im Hinblick auf seine Antiquitäten und Möbel nach Maß, die er für seine Kunden zusammenträgt und in seiner Werkstatt für Fassmalerei herstellt. Darunter versteht man die farbige Bemalung gealterter Möbelstücke, die für seine Kundschaft etwas Besonderes sind und bleibenden Wert haben. Sein *Deichhof Haseldorf* bietet für seine Besucher eine wunderschöne Ausstellung, die Film und Fernsehen auch schon für ihre Zuschauer entdeckt haben. Geburtstage, Jubiläen und vor allem Hochzeiten werden von Klaus Rebattu mit viel Liebe ausgerichtet. Auch Kinder haben hier keine Langeweile und können auf dem umliegenden Gelände oder auf dem Deich herumtollen oder Schafe streicheln. Alles in allem ein vielseitiges Ausflugsziel für Gäste, die Erholung, Ruhe und Schlemmergenuss suchen.

Hofcafé Gut Blockshagen

Blockshagener Weg 18
24247 Mielkendorf
Tel.: 04347-8851
E-Mail: info@gut-blockshagen.de
60 Innenplätze, 60 Außenplätze
Öffnungszeiten:
Do.–So. 14:00–18:00 Uhr
von April bis Ende Sept. jeden Donnerstag
Flammkuchen-Abend von 18:00–22:00 Uhr, um Anmeldung wird gebeten.
Dezember und Januar geschlossen.
Ab 25 erwachsene Personen richten wir auch außerhalb der Öffnungszeiten gern für Sie Feiern aus.
Wir freuen uns auf Ihren Besuch!
In der Zeit der Kieler Woche geschlossen (Ausnahme Feiern/Betriebsfeiern)

Kaffeestuuv in de Hörn

Heike Bolten
Osterende 2
25576 Brokdorf
Tel.: 04829-9026296
Öffnungszeiten:
Mai–Sept. Mi.–So. 14:00–18:00 Uhr
Okt.–April. Fr.–So. 14:00–18:00 Uhr
Unser Café liegt direkt hinter dem Elbdeich neben dem Schwimmbad. Die gemütliche Einrichtung mit ca. 50 Sitzplätzen lädt zum Kaffeetrinken ein. Bei schönem Wetter bietet unsere Terrasse genug Platz zum Genießen und Verweilen. Unser ständig wechselndes Angebot an ausschließlich selbstgebackenen Torten und Kuchen wird auch Sie begeistern. Dazu bieten wir, neben anderen Getränken, unseren beliebten mit Ei gekochten „Hochzeitskaffee“ an.
Jeden 1. Sonntag im Monat gibt es ein reichhaltiges Frühstücksbuffet – allerdings nach vorheriger Anmeldung. Für Gruppen ab 15 Personen bieten wir unser Buffet auch an anderen Tagen an (bitte informieren Sie sich).
Selbstverständlich richten wir auch Ihren Geburtstagskaffee nach vorheriger Anmeldung bei uns aus.
Wir freuen uns auf Ihren Besuch!

Koog Café

Café und Landladen
Berit Wilkens
Dammstr. 20
25764 Wesselburenerkoog
Tel./Fax: 04833-425885
Mobil: 0174-1778025
berit.wilkens@online.de
50 Sitzplätze innen
100 Sitzplätze außen
Kinderspielplatz/Spielecke innen
Schmuck und Geschenke
Café-Öffnungszeiten:
Mo.–Fr. 12:00–17:30 Uhr
Sa. 10:00–17:30 Uhr
So. 10:00–18:00 Uhr
feiertags geöffnet
In der Nebensaison geänderte Öffnungszeiten
Nov.–Mai dienstags Ruhetag
Landladen-Öffnungszeiten:
Mo.–So. 10:00–18:00 Uhr, auch feiertags
Sa., So., und feiertags
Frühstück auf Anmeldung

Janbeck*s FAIRhaus

Lehbek 10
24395 Gelting OT Lehbek
Tel.: 04643-185400
E-Mail: moin@janbecks.de
www.janbecks.de
www.facebook.com/JanbecksFAIRhaus/
www.instagram.com/janbecksfairhaus/
de.pinterest.com/Janbecks/janbecks-fairhaus/
Öffnungszeiten des Cafés:
Sommer (Mai–Okt.) täglich 11:00–18:00 Uhr
mittwochs Ruhetag
Winter: (Okt.–Mai) freitags–montags
Gruppen ganzjährig nach Absprache bis ca. 40 Pers.
Nette Hunde sind willkommen.
Das Café ist mit dem Rollstuhl befahrbar.
Für Gäste mit Elektroauto gibt es eine Ladesäule.
Nur 1 km von der Geltinger Bucht lädt das Bauernhofcafé zu einer besonderen Pause ein; Für die hausgemachten Kuchen, Torten und anderen Backwaren wird das meiste Korn frisch gemahlen und mit anderen heimischen Produkten ohne Zusatzstoffe weiterverarbeitet.
Auf Allergiker oder Veganer kann so gut eingegangen werden.
Mindestens 60 % aller verwandten Lebensmittel kommen aus Schleswig Holstein, das bestätigt die Überprüfung durch FEINHEIMISCH.
Frühstücken, Kaffeeklatsch, in kleiner Runde nett feiern oder an Seminaren teilnehmen … hier ist fast alles möglich.
Wer gerne etwas länger bleiben möchte, hat die Möglichkeit eines der 7 unterschiedlichen Quartiere zu buchen. Vom Doppelzimmer bis zu großen 100 qm Ferienwohnungen, für Gäste mit oder ohne Hund, mit oder ohne Rolli, allein oder mit der Familie.
Der nachhaltig ausgerichtete Hof mit einem ganz besonderen ökologischen Konzept bietet das passende Ambiente für einen Urlaub mit gutem Gefühl. Hier wird besonders sparsam mit Ressourcen umgegangen: Wasser mehrfach aufbereitet, Strom selbst erzeugt, Lebensmittel sorgsam verwandt, recycelt und upcycelt und Ideen weitergegeben. Janbeck*s FAIRhaus ist ein Kneipp Gesundheits-Hof wo die Ideen von Sebastian Kneipp gelebt und gerne weitergegeben werden.
Zertifiziert ist Janbeck*s FAIRhaus mit der Blauen Schwalbe, Viabono und hat 2016 den 2. Preis im Internationalen Ideenwettbewerb für nachhaltigen Tourismus gewonnen.

Café Lindauhof

Sonja Karberg
Lindauhof 4
24392 Boren (OT Lindau)
Tel.: 04641-3710
E-Mail: info@cafelindauhof.de
www.cafelindauhof.de
Öffnungszeiten:
März–Okt. Mo.–Fr. 11:00–19:00 Uhr
Sa., So. & Feiertage 9:00–19:00 Uhr
Nov.–Febr. Sa., So. & Feiertage 9:00–19:00 Uhr
Januar geschlossen
Freuen Sie sich auf verschiedene Frühstücksvariationen und leckere Snacks. Die hausgemachten Kuchen und Torten – aus Zutaten von regionalen Erzeugern – werden nach traditionellen Rezepten hergestellt, die feinfühlig eine neue Interpretation erfahren.
Im Landarzthaus können Sie auch Ihr persönliches Fest feiern und sich sogar in unserem romantischen Ambiente trauen lassen.

Café Crêperie Provence

Martina und Dieter Krämer
Kirchberg 2
23843 Bad Oldesloe
Tel.: 04531-4339930
www.creperie-provence.de
Kleines französisches Café
Öffnungszeiten:
Di.–Fr. 10:00–18:00 Uhr
Sa. 10:00–15:00 Uhr
So. 10:00–17:00 Uhr
24 Innen- und 10 Außenplätze
nicht barrierefrei, da denkmalgeschützer alter Kornspeicher.
Alle unsere Speisen sind typisch französisch, unsere Backwaren werden morgens zum Frühstück warm serviert.
Alle Salate, Konfitüren, Suppen, Flammkuchen, Tartes usw. sind aus eigener Herstellung.
Im Sommer werden alle Kräuter aus dem eigenen Garten verwendet.

Ausstellungen. Künstler: Simon Surjasentana
Wohnaccessoire: www.lykketraef.de
Wir freuen uns auf Ihren Besuch
Ihr Provence-Team

Deichhof Haseldorf

Klaus Rebattu
Hauptstr. 39
25489 Haseldorf
Tel.: 04129-955550
E-Mail: Klaus.Rebattu@onlinehome.de
www.deichhof-haseldorf.de
Öffungszeiten:
So. 11:00–18:00 Uhr und nach vorheriger Anmeldung
60 Innen- und 45 Außenplätze
Tenne 120 Sitzplätze
Neben dem Café-Besuch im reetgedeckten Bauernhaus kann man hier Feste feiern – die Räumlichkeiten für Seminare mieten oder nach Möbeln stöbern, die in eigener Werkstatt gefertigt werden. Als Frühstück bieten wir eine „Brotzeit" an – hausgemachte Suppe und selbst gebackene Kuchen mit Produkten aus der Region.
Ab April findet jeden 1. Sonntag im Monat ein Brunch statt, natürlich auf Voranmeldung.

Antik Café La Donna

Ruzica Boccardo
Groß Oesau 3
25551 Schlotfeld
E-Mail: La-Donna-Antik-Cafe@gmx.de
www.ristorante-ladonna.de
Öffnungszeiten:
Mi.–So. 9:00–18:00 (individuell bei Veranstaltungen)
Lassen Sie sich in unserem Antik Café, das Platz für 50 Personen bietet, im stilvollen Ambiente mit einem reichhaltigen und vielfältigen Frühstück verwöhnen.
Oder genießen Sie die Sonne bei selbstgemachtem Kuchen, köstlichen Torten und aromatischen Kaffee- und Teespezialitäten auf unserer Gartenterrasse im idyllisch angelegten Außenbereich.
Freuen Sie sich mittags auf kulinarische Hochgenüsse von Anti Pasti bis zum Espresso. Wir bieten auch gluten- und lactosefreie Produkte an. Ihren Wünschen sind also bei uns (fast) keine Grenzen gesetzt.
Im Eingangsbereich unseres Cafés finden Sie zudem exklusive italienische Mode und ausgefallene Accessoires.
Für Festlichkeiten wie Hochzeiten, Familienfeiern oder sonstigen gesellschaftlichen Anlässen bietet Ihnen unser schöner historischer Tanzsaal mit ausreichend Platz für bis zu 90 Personen den passenden Rahmen.
In einem persönlichen Gespräch gehen wir gern auf ihre individuellen Vorstellungen und Wünsche ein, um Ihnen und Ihren Gästen ein unvergessliches Erlebnis bieten zu können.
Für einen etwas längeren Aufenthalt stehen Ihnen zwei Gästezimmer inklusive Frühstück zur Verfügung.
Auch bieten wir Catering nach persönlicher Absprache, sowie Verkauf außer Haus an.
Kommen und genießen Sie. Wir freuen uns auf Ihren Besuch.
Rosi Boccardo und ihr Team

Café Himmel und Erde

Kirchenstr.5
25524 Itzehoe
Tel.: 04821-6048234
www.himmelunderde.sh
E-Mail: w.ehart@himmelunderde.sh
Öffnungszeiten:
Mo.–Fr. 9:00–18:00 Uhr
Sa. 10:00–17:00 Uhr und gern nach Vereinbarung
Dankbar sind wir für das Vertrauen, welches unsere Gäste und vielleicht auch schon Sie selbst unserem Café und Restaurant mit all seinen Mitarbeitenden seit 2011 entgegen brachten. So blicken wir zurück auf manch tolle Hochzeitsfeier, erinnerungswürdiges Jubiläum, feierlichen Geburtstag, schöne Taufen und Konfirmationen, oder auch manch legendäre Weihnachtsfeier.
Damit es auch weiterhin so bleibt, verwöhnen die Künste unserer gehobenen Küche Auge, Gaumen und Seele zugleich. Vielfältige Getränke und zahlreiche Weine runden den Genuss dazu verlockend ab. Als „Sehnsuchtsküche" betitelte einmal ein treuer Gast unser kulinarisches Geschick, was uns sehr freute und motivierte. So gibt unser charmanter Service stets sein Bestes und zeigt Ihnen gern das besondere Ambiente unseres Hauses, falls Sie es noch nicht kennen:
*Der Eingangsbereich mit Flügel und breitem Treppenaufgang eröffnet das schöne Ambiente. Hier ist unsere Beletage, die sich für kleine und mittlere Feiern bestens eignet. Hier ist barrierefreier Zugang geboten, inkl. Behinderten-WC.
*Rechts geht es in das Tresenzimmer mit Blick Richtung Klosterhof und auf vorbeiflanierende Menschen.
*Links geht es ins gemütliche Kaminzimmer, das in verschiedenen Variationen glänzen kann, ob für kulturelle Anlässe oder besondere Tischanordnungen bei Feiern.
*Nach hinten raus versteckt sich unsere urige Bibliothek, die gern für besondere Kleinigkeiten im trauten Kreise genutzt wird.
*Im Hofgarten ist neben einer Boulebahn auch eine Grillstation und ein Kräuterhochbeet, was besonders in den Sommermonaten herrliche Alternativen und Rückzugsmöglichkeiten bietet.
*Im Obergeschoss finden Sie den Laurentius-Saal mit herrlichem Blick auf die Kirche. Hier können bis zu 50 Gäste bei Seminaren tagen oder ganz für sich ausgiebig feiern.
*Und wer lieber gleich in unserem sonnenbeschirmten Vorderhof Platz nimmt, kann sich beim leckeren Cappuccino und bei einem Stück hausgebackenen Kuchen dem bunten Treiben der Gehstraße beobachtend hingeben.
*Damit Sie bei uns nach Lust und Laune feiern können und schon bei Planung nach eigener Vorstellung in den Genuss kommen, denken wir auch an Ihre lieben Kleinen. Die schöne Spielecke ist ein feiner Zeitvertreib. Auch Ihre Vierbeiner sind bei uns herzlich willkommen!
Wir freuen uns auf Sie und Ihre Gäste,
Ihr Team vom Café und Restaurant himmel + erde

Café uppen Barg

Kathrin Petersen
Bergrade 4
23898 Duvensee
Tel.: 04543-888717
www.swingolf-bergrade.de
E-Mail: info@swingolf-bergrade.de
Öffnungszeiten:
Apr.–Okt., Mi.–So. ab 11:00 Uhr
Nov.–März, Sa. u. So. ab 14:00 Uhr
Vielfältiges Angebot von hausgebackenen Torten und Kuchen.
Jeden Sonntag Frühstücksbuffet (bitte auf Anmeldung)
Herzhafte Snacks wie Flammkuchen, Swinburger und Currywurst.
Torten auch außer Haus.
Auf unserer Diele und im großen Cafégarten bieten wir für Familienfeiern und Betriebsausflüge Brunchen über verschiedene warm-kalte Buffets bis zum Grillbuffet verschiedenes an.
Das Café und die Diele sind mit Blechfiguren und Handtaschen dekoriert die man auch käuflich erwerben kann.
Swingolf-Anlage (Golfspaß für die ganze Familie).
Ende November Weihnachtsausstellung.

Weitere Rezepte und ausführliche Beschreibungen der Cafés finden Sie in unserer beliebten Buchreihe

Band 1
ISBN 978-3-8042-1237-4

Band 2
ISBN 978-3-8042-1271-8

Band 3
ISBN 978-3-8042-1328-9

Band 7
ISBN 978-3-8042-1409-5

Band 8
ISBN 978-3-8042-1431-6

... Fortsetzung folgt

BOYENS
BUCHVERLAG

Band 4
ISBN 978-3-8042-1353-1

Band 5
ISBN 978-3-8042-1379-1

Band 6
ISBN 978-3-8042-1392-0

Unsere Sondereditionen

ISBN 978-3-8042-1388-3

ISBN 978-3-8042-1400-2

ISBN 978-3-8042-1421-7

DIE AUTORIN

Marion Kiesewetter, Schauspielerin und TV-Moderatorin, in Hamburg geboren, wurde als Köchin durch die TV-Sendungen *Bi uns to Hus*, N 3, *Sonntagskonzert* und Johannes B. Kerners Kochsendung im ZDF bekannt. Die Rezepte ihrer ebenfalls im Boyens Buchverlag erschienenen Kochbücher *Das trinkt man an der Waterkant*, *Fürstliche Menüs – Schleswig-Holstein*, *Fürstliche Menüs – Niedersachsen*, *Fürstliche Menüs – Mecklenburg-Vorpommern*, *Obst aus norddeutschen Gärten*, *Salatexpress*, *Aufgefischt I + II*, *Das isst der Norden*, *Auf Krabbenfang* und *Kohl!* entstammen der norddeutschen Region mit ihren erstklassigen kulinarischen Angeboten.
Besonders beliebt sind die Café-Bücher der Autorin. Bereits erschienen: *Eine Sünde wert …* (1), *Kann denn Süßes Sünde sein?* (2), *Nur Süßes im Sinn* (3), *Süße Augenblicke* (4), *Süßes für die Seele* (5), *Auf die süße Tour* (6), *… aber süß muss es sein* (7), *Hier gibt's Süßes* (8), *Winterlich Süßes*, *Lust auf Frühstück* und *Süße Seelentröster*.

DIE FOTOGRAFEN

Ursula Sonnenberg und ihr Mann Hans Dieter Kellner durchliefen beide eine Ausbildung zu Fotografen, sie mit einer Lehre, er auf der bekannten Münchner Akademie für Fotografie. Seit Jahrzehnten arbeiten sie im gemeinsamen Hamburger Studio an getrennten Aufgaben – sie mit food für Werbung und Verlage, er kreativ und technisch für die Industrie.
In Zusammenarbeit mit Marion Kiesewetter fotografierten sie bisher für den Boyens Buchverlag *Aufgefischt I + II*, *Das isst der Norden*, *Kohl!*, die komplette Cafébuch-Reihe 1 bis 8 sowie *Winterlich Süßes*, *Lust auf Frühstück* und *Süße Seelentröster*.

A
Aioli . . . 99
Ananas-Apfel-Konfitüre . . . 123
Aprikosen-Himbeer-Smoothie . . . 21
Arme Ritter mit Orangenfilets . . . 104

B
Bacon and Egg Muffins . . . 14
Bärlauchbrot . . . 38
Basilikum-Rucola-Pesto . . . 94
Bauernbrot . . . 30
Birnenkonfitüre mit Rosmarin . . . 80
Blaubeeraufstrich . . . 57
Blockshagener Fleischpastete . . . 12
Brennnessel-Scones . . . 53
Butterbrötchen . . . 74
Buttermilchbrötchen . . . 108
Buttermilchwaffeln mit Aprikosensahne . . . 105

C
Chia-Frühstücks-Müsli . . . 69
Crêpe mit Brie, Feigenkonfitüre und Thymian . . . 84

D
Dirks Schäfer-Aufstrich . . . 38
Dithmarscher Erbsen-Quiche . . . 40

E
Eiersalat . . . 86
Eiersalat . . . 118
Erdbeer-Bananenquark . . . 20
Erdbeer-Chili-Fruchtaufstrich . . . 123
Erdbeer-Smoothie . . . 71

F
Flusskrebssalat . . . 118
Franzbrötchen . . . 122
French Toast mit Obst . . . 93
Frischkäse-Omelette mit Gartenkresse . . . 109
Frischkäsesalat . . . 86
Fruchtige Chili-Orangen-Butter . . . 44
Fruchtjoghurt mit und ohne Müsli . . . 134
Frühstücks-Shake . . . 75

G
Gebackene Ziegenkäsetaler mit Honig-Rosmarin . . . 130
Gefüllte Eier . . . 73
Gefüllte Minifrikadellen . . . 26
Grießflammerie mit Orangenfilets, . . .

H
Haferflockenbrot . . . 32
Himbeer-Brombeer-Konfitüre . . . 95

J
Joghurtbombe . . . 27

K
Kalt gerührte Himbeerkonfitüre . . . 30
Karotten-Birne-Smoothie . . . 45
Kräuterquark mit Paprika . . . 32
Kräuterquark mit Wurzel- und Gurkensticks . . . 134
Krustenbrot . . . 134
Küstenrührei mit frischen Nordseekrabben . . . 46

L
Lachs-Aufstrich . . . 47
Lachssalat . . . 118
Lachstorte . . . 68

M
Matjessalat à la Rosa . . . 56
Michels Knäckebrot . . . 56
Mit Brie und Bacon gefüllte Milchbrötchen . . . 16

N
Nuss-Nougat Blumenbrot . . . 70

O
Omelette-Muffins . . . 112

P
Pancakes à la Heidi . . . 58
Pfefferbutter . . . 96
Pistazien und Honigsoße . . . 72

R
Rote Bete-GravedLachs . . . 97
Rote Stachelbeerkonfitüre mit Rhabarber . . . 80
Rouille . . . 98

S
Schafskäse-Bruschetta . . . 17
Schmand-Frühlingszwiebel-Creme . . . 13
Schnittlauch-Limetten-Butter . . . 33
Schwedische Diamanten . . . 52
Spinat-Quiche . . . 136
Spinatroulade mit Lachs . . . 31

T
Tomaten-Mozzarella-Cocktail . . . 137

U
Überraschungsaufstrich . . . 60
Vollerwieker Himbeertraum mit Maracuja . . . 44

W
Weißbrot . . . 61
Weizenbrötchen . . . 124
Wilde Kräuterpaste . . . 60

Register nach Cafés

Hofcafé Gut Blockshagen

Aprikosen-Himbeer-Smoothie 21
Bacon and Egg Muffins 14
Blockshagener Fleischpastete 12
Erdbeer-Bananenquark. 20
Mit Brie und Bacon gefüllte Milchbrötchen . . 16
Schafskäse-Bruschetta 17
Schmand-Frühlingszwiebel-Creme 13

Kaffeestuuv in de Hörn

Bauernbrot 30
Gefüllte Minifrikadellen 26
Joghurtbombe. 27
Haferflockenbrot 32
Kalt gerührte Himbeerkonfitüre 30
Kräuterquark mit Paprika 32
Schnittlauch-Limetten-Butter 33
Spinatroulade mit Lachs 31

Koog Café

Bärlauchbrot 38
Dirks Schäfer-Aufstrich 38
Dithmarscher Erbsen-Quiche 40
Fruchtige Chili-Orangen-Butter 44
Karotten-Birne-Smoothie 45
Küstenrührei mit frischen Nordseekrabben . . 46
Lachs-Aufstrich. 47
Vollerwieker Himbeertraum mit Maracuja . . . 44

Janbeck*s FAIRcafé

Blaubeeraufstrich 57
Brennnessel-Scones. 53
Matjessalat à la Rosa 56
Michels Knäckebrot 56
Pancakes à la Heidi 58
Schwedische Diamanten 52
Überraschungsaufstrich 60
Weißbrot 61
Wilde Kräuterpaste 60

Café Lindauhof

Butterbrötchen 74
Chia-Frühstücks-Müsli 69
Erdbeer-Smoothie 71
Frühstücks-Shake. 75
Gefüllte Eier 73
Grießflammerie mit Orangenfilets,
Pistazien und Honigsoße 72
Lachstorte. 68
Nuss-Nougat Blumenbrot 70

Café Crêperie Provence

Birnenkonfitüre mit Rosmarin. 80
Crêpe mit Brie, Feigenkonfitüre
und Thymian 84
Eiersalat 86
Frischkäsesalat 86
Rote Stachelbeerkonfitüre mit Rhabarber . . . 80

Antik Café La Donna

Aioli 99
Basilikum-Rucola-Pesto 94
French Toast mit Obst 93
Himbeer-Brombeer-Konfitüre. 95
Pfefferbutter. 96
Rote Bete-GravedLachs 97
Rouille. 98

Café Himmel und Erde

Arme Ritter mit Orangenfilets. 104
Buttermilchbrötchen 108
Buttermilchwaffeln mit Aprikosensahne 105
Frischkäse-Omelette mit Gartenkresse 109
Omelette-Muffins 112

Café uppen Barg

Ananas-Apfel-Konfitüre. 123
Eiersalat 118
Erdbeer-Chili-Fruchtaufstrich. 123
Flusskrebssalat 118
Franzbrötchen 122
Lachssalat 118
Weizenbrötchen. 124

Deichhof Haseldorf

Fruchtjoghurt mit und ohne Müsli 134
Gebackene Ziegenkäsetaler
mit Honig-Rosmarin. 130
Kräuterquark mit Wurzel-
und Gurkensticks. 134
Krustenbrot 134
Spinat-Quiche. 136
Tomaten-Mozzarella-Cocktail. 137